Pédagogie **pratique**

Jeux
d'orthographe

Michel Martin

hachette
ÉDUCATION

Michel Martin, ancien élève de l'École normale de Toulouse, agrégé de Lettres modernes, docteur d'État en Sciences de l'Éducation et maître de conférences à l'IUFM de Nice, s'est spécialisé dans la didactique du français à l'école élémentaire.

Il est également auteur de :
– *Sémiologie de l'image et pédagogie*, PUF, 1982
– *Jeux pour écrire*, Hachette Éducation, 1995
– *Jeux pour lire*, Hachette Éducation, 1999
– *Lire des textes et des images*, CE1- CE2, Hachette Éducation, 2000

Crédits photographies : Photos Shutterstock Images **p. 131** © Vasyl Helevachuk (poule) ; © Michele (boule) ; © ericlafrancais (rabot) ; © Nenad C. Tataleka (radeau) ; © Vvoe (chateau) ; © Velychko (chaton) ; © vovan (toit) ; © Jan Kowalski (doigt) ; **p. 132** © Maryna Gviazdovska (tasse) ; © Valdis torms (tache) ; © Terry W Ryder (bar) ; © Antonio Abrignani (bal) ; © Foto Yakov (champ) ; © Éric Isselée (chat) ; © Atiketta Sangasaeng (tube) ; © Luschschen (cube) ; © Mike Heywood (mage) ; © xc (nage) ; © Kalim (cadre) ; © AVAVA (classe) ; © Serggod (glace) ; © elxeneize (fer) ; © Aaron amat (verre) ; © Amp (rang) ; © 3drenderings (case) ; © James Steidl (cage).

Création maquette intérieur et couverture : Nicolas Piroux
Réalisation intérieur : Marion Fernagut
Réalisation couverture : Nicolas Piroux

www.hachette-education.com

ISBN 978-2-01-171333-9

sommaire

Partie 3 • Les dictées

Partie 4 • Les outils orthographiques

À Anne et à Olivier.

Introduction

Historique

La langue française, essentiellement romane, s'est de plus en plus éloignée du latin au cours des siècles.

Pour ce qui concerne le latin, langue phonétique, les lettres notaient les sons et ce système a fonctionné longtemps en interaction avec le gaulois jusqu'au Ve siècle environ, donnant naissance à la langue gallo-romaine.

Du Ve siècle au début du IXe siècle, l'influence germanique va se porter sur le roman.

Puis, du Xe siècle au XIIIe siècle, on aboutit à un français médiéval, appelé « ancien français », qui s'enrichit des langues nordiques et arabes. Pendant les deux siècles suivants, l'ancien français évolue vers le « moyen français » caractérisé par une grande désorganisation qui va de pair avec l'évolution politique de la France.

La période entre le XVe siècle et le XVIIIe siècle est marquée par plusieurs essais de clarification et de codification : par exemple, l'ordonnance de Villers-Cotterêts de 1539 impose le français comme langue officielle dans les écrits administratifs.

Cette évolution historique du français ne s'est pas faite sans conséquences sur l'orthographe.

En effet, la langue romane, proche du latin, possédait assez de graphèmes pour traduire les phonèmes de la langue orale. Mais l'évolution de l'oral et les influences des langues étrangères ont abouti à une évolution de l'oral qui s'est enrichi de 36 phonèmes pendant que la langue écrite en restait à 26 graphèmes. Cet alphabet était donc devenu insuffisant. Pour remédier à ce déficit, des lettres ont été empruntées à des alphabets étrangers comme le « k », le « w », le « y » et le « z ».

Puis d'autres ont été modifiées comme le «i» en «j», le «u» en «v».
Finalement, pour combler ces lacunes, deux ou trois lettres ont noté un seul son, par exemple «on», le digramme notant le [ɔ̃] ou le trigramme « ain » notant le [ɛ̃].
À tous ces éléments perturbateurs de la langue écrite se sont ajoutés des phénomènes annexes ; les copistes du Moyen Âge ont utilisé la cédille et le doublement de consonnes particulières pour modifier la prononciation, puis l'apostrophe pour séparer des catégories grammaticales. Enfin, ils ont ajouté des lettres pour la lisibilité comme le «h» au début de certains mots ou le «y» à la fin.
Dès lors, ces divers ajouts aboutissent à des mots homonymes: *cou* et *coup*, *vingt* et *vain*, etc. Certains problèmes ont trouvé leur solution en intercalant des consonnes entre deux voyelles, comme pour *cou* et *cou* que l'on a distingués par *cou* et *cohue*, ou en ajoutant des lettres étymologiques comme pour *cor* et *corps* (*corpus*).
À partir de 1437 (invention de l'imprimerie), des décisions de simplification sont mises en œuvre: séparation des mots les uns des autres, suppression de consonnes gênant la lecture. C'est ainsi que le mot *autheur* est devenu *auteur*.
En 1635, l'Académie française est créée avec le but de codifier la langue. Il s'ensuit une relatinisation plus ou moins artificielle: ainsi *pie* devient *pied* du latin *pedis*.
Tous ces bouleversements en quelques siècles éclairent sur l'extrême complexité de l'orthographe française et sur les difficultés de son enseignement.

Dès lors, comment aborder la didactique orthographique? Faut-il l'enseigner en situation d'écriture, comme beaucoup le préconisent, ou doit-on la traiter en activité décrochée?
Aucune des options ne doit être écartée. Chacune comporte des avantages. Comme nous l'avons vu, les lois orthographiques sont complexes et il n'est pas judicieux d'ajouter toute une série de difficultés propres à la production de textes. D'autre part, l'acquisition de la très grande majorité des morphogrammes grammaticaux et lexicaux peut se travailler au sein de la phrase indépendamment du texte. Cependant, le travail en production de textes renforce la confiance en soi; en effet, si l'enfant apprécie l'«objet» produit, cela le stimule et déclenche en lui un cercle vertueux.
Voilà pourquoi nous insisterons sur les jeux portant sur les mots, sur les sons et les phrases afin de fournir aux élèves des bases sûres pour, progressivement, aborder les écrits complets et complexes.
Comme pour les ouvrages précédents (*Jeux pour écrire, Jeux pour lire*[1]), le but est de réconcilier l'élève avec l'orthographe en lui faisant pratiquer de nombreux jeux

---

1. Michel Martin, *Jeux pour écrire*, Hachette Éducation, 1995.
Michel Martin, *Jeux pour lire*, Hachette Éducation, 1999.

d'acquisition et de contrôle lexicaux et grammaticaux; souvent inspirés de l'OuLiPo (Ouvroir de Littérature Potentielle), ces jeux proposent des gammes qui préparent les enfants à une écriture correcte avant de leur demander de résoudre les multiples problèmes posés par la production textuelle, qui, néanmoins, ne devra pas être négligée.
Le contenu de cet ouvrage se présente en quatre chapitres.

Chapitre 1: les jeux d'orthographe

Ils tirent leur efficacité essentiellement de la consigne: celle-ci, d'ordre formel le plus souvent, transforme l'« exercice » en un challenge, sorte d'énigme que les élèves doivent résoudre seuls ou même à plusieurs sous forme d'ateliers d'écriture. Cette consigne porte sur un point précis des difficultés orthographiques et introduit une contrainte qui transforme l'exercice en une sorte de jeu de société. Loin de rendre l'exercice plus difficile, les contraintes formelles le dynamisent: il faut y voir « *d'abord des provocations et donc des moteurs d'énergie* », affirme Jean Lescure dans *La Bibliothèque oulipienne* (vol. 2, 1987, Ramsay).
Elles contiennent en elles-mêmes un ferment; dès leur lecture, l'imagination est stimulée par des règles originales et un défi est lancé qui doit être relevé. Celles-ci ne s'énoncent pas comme un impératif de type: « *Il faut que tu écrives tant de lignes correctement* », mais comme: « *Es-tu capable de résoudre telle énigme?* »
Comme les solutions sont multiples et très variées, les combinaisons illimitées, l'enfant ne gagne pas contre quelqu'un mais réussit avec d'autres; de plus, il bénéficie de toutes les solutions trouvées par les autres et, de ce fait, enrichit sa culture orthographique, développe sa créativité.

Chapitre 2: cinq minutes d'orthographe

Les longues séances lassent souvent les élèves qui décrochent et n'assimilent plus; des activités courtes, soumises à la curiosité de la classe et ne dépassant pas les 10 minutes, sont très ludiques et efficaces : elles consistent à proposer des challenges sur un mot, une courte phrase avec, comme pour les jeux précédents, des contraintes formelles ; elles peuvent se pratiquer en groupe, avec l'aide de l'ardoise ou non, un peu comme du calcul mental. La grande variété en ce qui concerne le minutage (de 5 minutes à 15 minutes) permet à l'enseignant d'introduire une grande souplesse dans les moments pédagogiques choisis: par exemple, avant ou après la récréation en entrant en classe, entre deux séquences, etc.
Ces jeux courts permettent aussi d'imprimer un rythme ou de rompre le cours trop régulier d'une séquence. Ils peuvent également se pratiquer en groupes de deux ou de trois élèves ou de manière isolée. Les ateliers permettent l'échange, la confrontation, la réflexion, mais aussi accroissent les qualités créatives et la motivation.

Chapitre 3 : les dictées

La dictée classique est essentiellement un moyen d'évaluation qui est utilisé pour faire le point sur les acquisitions de la classe à un moment donné du cursus scolaire.

Néanmoins, cette dictée et bien d'autres peuvent aussi servir d'évaluation formative et même formatrice si l'enseignant procède à des ajustements que nous commenterons dans ce chapitre.

Toutes les formes de dictées décrites dans ce chapitre ouvrent des perspectives en ce qui concerne les différents modes d'évaluation mais aussi pour l'acquisition de méthodes d'écriture orthographique : quand réfléchir et sur quoi ? Comment hiérarchiser les corrections ? Comment relire un texte ? Etc.

La quantité et la variété des exemples décrits permettent de choisir les types de compétences à travailler, facilitent le regroupement des élèves selon le genre de difficulté qu'ils éprouvent. Ainsi, ces textes permettent aux maîtres de pratiquer une réelle pédagogie différenciée en fonction des besoins des élèves.

Chapitre 4 : les outils orthographiques

Ils sont une aide pour les enseignants qui ciblent et corrigent avec davantage de précisions les erreurs des élèves : ils permettent à ces derniers de progresser avec plus d'autonomie en acquérant une méthodologie.

Ces outils sont au nombre de quatre : les listes de fréquence, le tableau de classement des erreurs d'orthographe, les dictionnaires, les manuels et les moyens mnémotechniques, enfin un matériel de recherche des mots dans le dictionnaire.

La liste de fréquence classe les mots selon leur fréquence d'apparition dans des textes écrits ; un élève a donc davantage de chances d'avoir à écrire, dans une dictée, un mot du début de la liste que de la fin. L'utilisation de cet outil permet à l'enseignant d'être plus efficace vis-à-vis de sa classe et, par là même, de motiver les élèves qui se rendent compte qu'ils orthographient de mieux en mieux. En effet, plus les enfants connaissent de mots du début de la liste, plus ils les rencontrent souvent et plus ils emmagasinent de l'assurance vis-à-vis de l'écrit.

Le tableau de classement des erreurs d'orthographe permet de sérier les types d'erreurs, de former des groupes de corrections plus homogènes sans faire perdre de temps à ceux qui ne sont pas fautifs, et donc de pratiquer une pédagogie différenciée en situation.

Les dictionnaires, les livres de conjugaison et d'exercices doivent être mis à la disposition des enfants de manière qu'ils prennent l'habitude de s'en servir à tout moment même pendant les dictées. Les moyens mnémotechniques procurent des outils ludiques de résolutions de difficultés orthographiques. Comme ces moyens

peuvent être facilement et rapidement mis en œuvre, ils sont une aide précieuse lors d'une dictée qui impose un certain rythme.
Enfin, la roue des sons facilite grandement la recherche de mots dans les dictionnaires, surtout lorsque l'élève sait comment ils se prononcent mais ne sait pas comment s'orthographie la première lettre ou la première syllabe du mot.

1.

Les jeux d'orthographe

sommaire

Ces jeux ont pour objectif de donner ou de redonner aux enfants le goût d'écrire et d'orthographier.
Pour atteindre cet objectif, on propose des contraintes d'ordre formel qui transforment un exercice traditionnel en un jeu.
Ce chapitre comporte deux ensembles d'activités : celles qui sont dérivées de jeux de société connus et celles qui portent sur la structure des mots ou des phrases.
Certains **jeux de société** se prêtent bien à une acquisition de l'orthographe à condition de pratiquer certaines modifications ou ajustements de détail en fonction de l'âge ou du niveau des élèves. Ils présentent l'avantage d'être connus des enfants et donc de faciliter la mise en train des activités.
Souvent inspirés de l'OuLipo, quelquefois inventés par l'auteur, les **jeux de mots** proposent des défis sur l'orthographe d'usage, sur les homophones, ou sur les accords.
Toutes les prescriptions inscrites dans les programmes de l'école élémentaire peuvent être traitées en choisissant les exercices appropriés ainsi que le niveau.

CP/CE

1. Le loto

Objectif

Ce jeu exerce les compétences d'écoute, de lecture, de reconnaissance des lettres d'un mot, puis de mémorisation de son orthographe.

Règle du jeu

Il s'agit de reconstituer des mots après avoir entendu une série de lettres prononcées par l'enseignant.

Le loto peut être fabriqué par la classe ou par le maître.

Sur des fiches cartonnées, cinq mots sont inscrits dans des grilles comportant cinq, six ou sept lettres en largeur selon la progression que l'enseignant voudra adopter.

Comme pour les grilles du loto, les mots sont différents d'un carton à l'autre.

Par exemple, sur un carton, on pourra lire :

s	a	p	i	n
c	h	i	e	n
b	i	c	h	e
b	l	a	n	c
q	u	a	n	d

Sur un autre :

b	i	l	l	e
l	a	p	i	n
r	o	u	g	e
c	o	m	m	e
j	o	u	e	t

Les enfants tirent un carton au sort (ou deux selon le niveau).

26 lettres de l'alphabet sont dessinées sur des petits carrés et placées dans un sac ; le maître tire une lettre au sort et l'annonce à haute voix. Les enfants ont des jetons en carton à leur disposition ; ils placent autant de jetons qu'il y a d'occurrences de la lettre annoncée. Ainsi, pour le premier carton, si la lettre « i » est annoncée, l'élève placera trois jetons sur les trois « i » de sa grille.

Le premier qui fait un mot crie « *quine* » et lit le mot puis le jeu continue et lorsqu'un élève a tous les mots du carton, il crie « *carton* » et lit tous les mots de sa grille.

Variante

Les élèves peuvent avoir à leur disposition des lettres en plusieurs exemplaires ; si le « i » sort, l'enfant qui a le carton n° 1 placera trois « i », et ainsi de suite jusqu'à ce qu'un mot soit écrit puis tous les mots du carton.

Cette variante permet aux élèves de manipuler les lettres et de les placer successivement pour « écrire » le mot.

CP/CE1/CE2

2. Le mistigri

Objectif

À partir d'un certain nombre de cartes (un nombre impair), les élèves doivent faire des paires avec un mot écrit et une image.
Ce jeu a pour objectif de travailler l'orthographe lexicale par la lecture de mots et par la manipulation ; de plus, une variante permet de jouer sur la discrimination visuelle.

Règle du jeu

Comme le loto, le mistigri peut être facilement réalisable par la classe. Sur des bristols de la dimension de cartes à jouer, les enfants dessinent ou collent des figurines représentant des objets, des animaux ou des personnages. Sur d'autres cartons ils écrivent le nom de chaque objet, animal ou personnage sauf pour un qui sera le « mistigri ».

On peut jouer à 3 ou à 4 ; on distribue une série de cartes à chacun jusqu'à épuisement du paquet. Chaque joueur repère les paires qu'il peut réaliser et les enlève de son jeu pour les placer devant lui.

Puis celui qui a distribué prélève, sans la regarder, une carte dans le jeu du joueur situé à sa gauche. S'il peut constituer une paire, il la place devant lui. Le jeu continue dans le sens des aiguilles d'une montre, et chaque joueur à son tour prélève une carte à son voisin de gauche.

Le gagnant est celui qui se débarrasse le premier de ses cartes en ayant fait des paires à chaque fois. Le perdant reste avec le « mistigri » qui ne peut pas s'apparier.

Variante

Pour travailler la discrimination visuelle, on peut remplacer les images par l'écriture du même mot en script et en cursive, par exemple, ou en majuscules et en italique.

Fin CP/CE1

3. Les dominos

Objectif

Il s'agit d'exercer les élèves à focaliser leur attention sur le début et la fin des mots, notamment sur les lettres finales muettes. Écrire sans erreur des noms et des adjectifs se terminant par une consonne muette [ex. : chant, *cf.* chanteur ; blond, *cf.* blondeur...].

Pour atteindre ces objectifs, l'enseignant devra prévoir la liste des mots à écrire de manière que les élèves n'aient pas trop de difficultés pour les placer.

Règle du jeu

La classe ou l'enseignant écrit sur des cartons une série de mots en noir en écriture script. Seule la lettre finale et initiale de chaque mot sera écrite d'une autre couleur. Les cartons sont en forme de dominos. On distribue les dominos aux deux ou aux trois joueurs. Le premier pose un carton sur la table, le second doit s'accrocher à la première ou à la dernière lettre du mot. S'il ne peut pas, il passe son tour puis c'est au suivant de placer un domino, et ainsi de suite. Le gagnant est celui qui s'est débarrassé de ses dominos le premier.

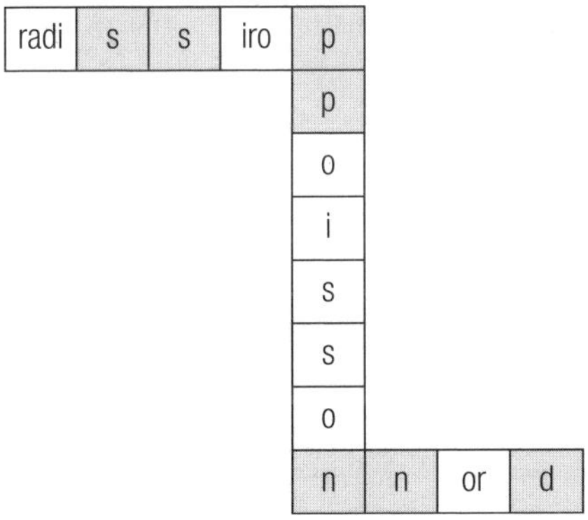

Variante

CE1/CE2

On peut écrire des mots dont les syllabes seront mises en valeur chacune dans une case ; la première et la dernière seront inscrites dans une case colorée.

La compétence mise en œuvre portera sur la décomposition d'un mot en syllabes, compétence importante à acquérir au début de l'acquisition de l'orthographe d'usage.

CP/CE

4. Le memory

Objectif

Ce jeu permet à la classe de se familiariser avec des mots écrits dans des polices variées, de faire travailler la mémoire visuelle, de repérer, selon les variantes, des morphèmes grammaticaux en fin de mot, de repérer les différentes graphies d'un même son ou encore de rapprocher des mots ayant un gréement particulier (deux « t », deux « l », deux « n », etc.).

Règle du jeu

L'enseignant prépare ou fait préparer par les élèves des cartons sur lesquels il inscrit un mot puis sur un deuxième le même avec deux écritures différentes; il renouvelle cette opération plusieurs fois de manière qu'il ait plusieurs paires.
Ces supports seront, par exemple, au nombre de 12 pour initier les élèves, puis plus nombreux selon le niveau de la classe. Les cartons sont rangés sur des lignes côté verso.
Le premier joueur devra retourner deux cartons l'un à la suite de l'autre.
S'il constitue une paire du même mot, il marque un point, les enlève et continue; s'il n'a pas pu constituer de paire, il replace les cartons face cachée et c'est au deuxième joueur de retourner deux cartons, et ainsi de suite. Les élèves comprennent vite que le hasard n'est pas la meilleure solution et tentent de mémoriser les mots et leur place sur le plateau.
Ils exercent ainsi leur sens de l'observation, la discrimination visuelle et la mémoire.

Première variante

Cycle 2

Les inscriptions sur les cartons peuvent jouer sur les accords et proposer le même mot sous des versions différentes selon le déterminant ; ainsi les paires seront plus difficiles à repérer et à mémoriser.
L'emploi de déterminants variés (*des*, *mes*, *ces*, et plus tard *quelques*, *certains*, *plusieurs*) prépare l'élève à observer ces petits mots qui déterminent le genre et le nombre.
Dans l'exemple ci-dessous, il faut apparier les pluriels (*des lapins/des lapines*) et les singuliers entre eux (*mon lapin/une lapine*).
On peut aussi rechercher les paires singulier/pluriel de même genre (*ma chienne/les chiennes*).

Exemple d'une configuration possible en CE2

Une voisine	*La louve*	*Mes chiens*	*Les loups*
Ma chienne	*Un loup*	*Des lapines*	*Mes voisines*
Le voisin	*Le chien*	*Des voisins*	*Des lapins*
Une lapine	*Mon lapin*	*Des louves*	*Les chiennes*

La règle pourra être déduite en petits groupes à partir de ce corpus puis complétée par une recherche dans un livre d'orthographe.

Deuxième variante ▶ CM1/CM2

Pour le CM1 et le CM2, on pourra aborder les pluriels irréguliers (*au/aux*, *eu/eux*, *ou/oux*), les règles sur les mots se terminant par « *-té* » ou « *-tié* », etc.

Objectifs

- Écrire sans erreur le pluriel des noms se terminant par *-eu* ou par *-eau*.
- Écrire correctement la syllabe finale des noms terminés par *-ée* ; par *-té* ou *-tié* ; par un *-e* muet.
- Écrire sans erreur les pluriels des noms se terminant par *-al* ou par *-ou*.

Ces mots collectés pourront être utilisés pour composer la règle en groupes et la rédiger sur un carnet d'orthographe.

Des chevaux	*Un festival*	*Un journal*	*L'hôpital*
Des bals	*Des régals*	*Un canal*	*Un régal*
Des animaux	*Un cheval*	*Des festivals*	*Les hôpitaux*
Des journaux	*Des canaux*	*Le bal*	*Un animal*

Pour compléter les jeux sur l'orthographe d'usage, on pourra écrire des doublets ayant le même préfixe ou le même suffixe et demander des paires selon ces critères.

Exemples

facteur docteur/dentiste flûtiste/musicien académicien, etc.
interdit intouchable/surélevé surestimé/prévenu prédit, etc.

Troisième variante ▶ CP

La classe fabrique des cartes sons en inscrivant « in », « on », « a », « i », etc.
Puis on écrit pour chaque son, sur un autre carton, un mot contenant un des sons.
Par exemple, pour « in », on écrira *lapin*, pour « on » *jeton*, etc.
Le jeu consiste à apparier un mot avec son représentant sonore.
Cette activité fait travailler le repérage visuel et sonore de certaines syllabes contenues dans des mots à lire.

Cycle 3

5. Le jeu des 7 familles

Objectif

– L'objectif principal est de travailler les familles de mots afin de donner aux élèves les moyens de découvrir la lettre muette finale de certains mots.
– Il s'agit aussi de faire acquérir des compétences d'orthographe lexicale par imprégnation, en jouant.
– De plus, il s'ajoute une dimension stratégique que les enfants acquerront à la longue qui est celle de deviner quel est le joueur qui détient la carte manquante.

Règle du jeu

Comme pour les exercices précédents, le matériel peut être fabriqué par la classe.
Sur des cartons du format d'une carte à jouer, on inscrit les représentants de familles de mots.
Par exemple :
– Famille des ***chanteurs*** : *chant, chanteur, chantonner, chantage, chanter.*
– Famille des ***blonds*** : *blond, blondeur, blondinet, blondir, blonde.*
– Famille des ***dents*** : *dent, dentition, dentelé, dentiste, dentaire.*
Et ainsi de suite jusqu'à l'obtention de 7 familles.
Sur chaque carte sont inscrits en italique les autres membres de la famille.
Les cartons sont mélangés et l'on distribue les cartes jusqu'à épuisement.
Les joueurs classent leurs cartes selon les familles dont ils ont hérité. Le premier joueur demande une carte à un autre joueur. Il la nomme par le représentant de la famille : « *Dans la famille des dents, je voudrais le "dentiste"* » ; « Dans la famille des blonds, j'aimerais avoir "blond" ».
Lorsqu'un joueur a les cinq représentants d'une famille, il l'étale sur la table. Le joueur qui a gagné est celui qui a composé le plus grand nombre de familles.

Variante

CP/CE

Objectif

Travailler la relation son graphème(s) pour la lecture et l'écriture.

Pour cette variante, les représentants d'une famille sont des sons (« i », « a », « ou », etc.). Sur chaque carton est dessiné un objet, un animal ou une chose avec son nom et le graphème traduisant le son. À chaque famille correspond une couleur et le graphème du son est surligné de la même couleur. De même que précédemment, les joueurs doivent compléter une ou plusieurs familles en demandant la carte qui manque à un des joueurs.

Exemples de familles

Famille du [i] : *toupie, souris, taxi, lilas, fille.*
Famille du [u] : *loup, roue, poule, bijou, coup.*
Famille du [ɔ̃] : *rond, bond, long, plomb, son.*
On peut aussi construire un jeu analogue avec des familles de syllabes, ce qui facilitera la lecture et l'écriture des mots en début d'acquisition.

▶ **Cycle 3**

6. Mots nouveaux

Objectifs

- Écrire des mots chaque fois différents en posant un jeton au début ou à la fin d'un mot sur un mot déjà formé.
- Entraînement à la discrimination visuelle dans une perspective d'orthographe lexicale.

Règle du jeu

La classe fabrique des jetons de lettres ; les lettres les plus fréquentes sont triplées ou même quadruplées (s, i, a, n, t, s, r, l, e).

On distribue 10 lettres à chaque joueur.

Le premier doit faire un mot de 3 lettres ; il marque 1 point, puis le joueur situé à sa gauche doit ajouter une lettre ou plus au début ou à la fin du mot pour en écrire un autre nouveau : il marque également 1 point, et ainsi de suite jusqu'à ce qu'aucun joueur ne puisse ajouter de lettres. On recommence avec un autre mot. Le gagnant est celui qui arrive à 10 points le premier.

Exemples

p	l	i				
r	e	p	l	i		
r	e	p	l	i	e	r

v	e	r					
v	e	r	s	e	r		
r	e	v	e	r	s	e	r

▶ **Cycle 3**

7. Trivial pursuit

Objectif

Répondre à des questions portant sur l'orthographe lexicale, les accords, la conjugaison, les règles les plus courantes, les homophones, etc.

Règle du jeu

Le plateau est modifié par rapport au jeu classique et peut être fabriqué par les élèves.

Il s'agit de quadriller un carré de 9 carreaux de côté avec 3 médianes.

Des séries de questions d'orthographe sont posées par les élèves, testées par la classe avec les réponses. Les questions sont réparties par couleur selon l'une des quatre catégories (questions d'orthographe lexicale, questions de conjugaison, règles d'orthographe, accords). Les réponses sont recopiées au dos.

Les questions seront variées et pourront consister en des phrases à compléter, des QCM, etc.

Le jeu se joue avec un dé. Le premier joueur lance le dé en partant de la case centrale vers la direction qu'il souhaite prendre. Lorsqu'il tombe sur une case colorée, il doit répondre à une question correspondant à la couleur. Si la réponse est juste, il rejoue. Sinon, c'est le joueur suivant qui lance le dé.

Le gagnant est celui qui arrive dans l'une des cases marquées « fin », en ayant répondu à une question dans chacune des quatre catégories.

Exemple de plateau simplifié *(page suivante)*

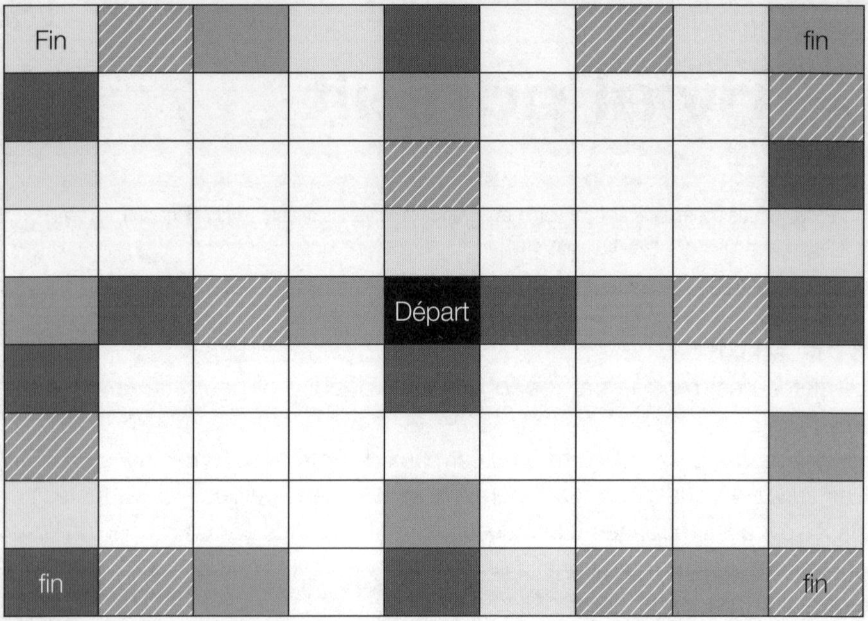

Légende

	Questions d'orthographe lexicale
	Questions de conjugaison
	Règles d'orthographe
	Accords

Exemple de questions

	Règle des mots commençant par « af-».	Les mots commençant par « af- » prennent deux « f », sauf afin, Afrique, Africain.
	Quelle est la bonne orthographe : *empoule*, *ampoule* ou *enpoule* ?	La bonne orthographe est « *ampoule* ».
	Verbe finir à la 2e personne du singulier, imparfait de l'indicatif.	*Tu finissais.*
	Complète : *J'entends chanter les oiseau…*	*J'entends chanter les oiseaux.*

▸ **Cycle 2**

8. N + adj., V + adv.

Objectifs

- Découverte des noms communs et des verbes.
- Accord des adjectifs avec le nom auquel ils se rapportent.
- Nature et orthographe lexicale des adverbes.
- Recherche de synonymes.

Règle du jeu

À partir d'un texte plutôt neutre, il s'agit d'accoler systématiquement à chaque nom rencontré un adjectif chaque fois différent.
Puis, pour chaque verbe, il faut ajouter un adverbe.
Dans un premier temps, les élèves doivent souligner les substantifs et les verbes ; ensuite, avec l'aide du dictionnaire, ils cherchent les adjectifs et les adverbes qui conviennent.

Exemple

Texte distribué aux élèves

La recette de la crème fouettée au chocolat

Mettre au réfrigérateur le saladier et la crème. Râper le chocolat, le laisser de côté. Dans le saladier, verser la crème et le sucre. Avec le fouet, battre jusqu'à ce que la crème double de volume et prenne la consistance d'une mayonnaise. Verser en pluie le chocolat râpé en tournant. Quand le mélange est homogène, transvaser dans un pot.

Texte d'une élève de CE2

« Mettre prudemment au réfrigérateur silencieux le saladier transparent et la crème glacée. Râper finement le chocolat noir et laisser de côté. Dans le saladier fragile, verser lentement la crème liquide et le sucre fin. Avec le long fouet battre longtemps jusqu'à ce que la crème blanche double de volume et prenne vite la consistance ferme d'une mayonnaise légère. Verser rapidement en pluie aérienne le chocolat chaud râpé en tournant régulièrement. Quand le mélange onctueux est homogène, transvaser habilement dans un large pot. »

Variante

▸ **CM2**

Cette pratique n'est pas uniquement un jeu sur les particularités grammaticales et orthographiques, c'est également l'occasion de découvrir le pouvoir de connotation des adjectifs.

On distribue un texte neutre ; les élèves soulignent les verbes et les substantifs. Ensuite, ils doivent répondre à la consigne suivante : « *Accole à tous ces noms un adjectif et à tous les verbes un adverbe, mais tu devras donner une impression par le choix des mots. Par exemple, une impression de lenteur, de rapidité, d'hésitation, de timidité, etc.* »
Une fois la consigne expliquée, il est bon de dresser avec la classe une liste de mots correspondant aux connotations souhaitées.

Exemple

Pour l'énoncé de mathématiques ci-dessous, on demande aux enfants de rechercher dans des dictionnaires les adjectifs et les adverbes faisant naître une impression de « pressé ». Lorsqu'il s'agit de les inscrire au tableau, le maître fera écrire les adjectifs à tous les genres puis, plus tard, il ne le fera que pour quelques-uns.
Pressé : *pressée, pressés, pressées, rapide, rapides, vite, très vite, vif, vifs, vive, vives, prestement, impatient, impatients, impatientes, impatiente, au galop, prestement, rondement, nettement, résolument, soudain, urgent, urgents, urgente, urgentes.*

Énoncé de mathématiques distribué aux élèves

Plie une feuille de papier en deux et marque bien le pli en la passant entre le pouce et l'index. Plie à nouveau en deux de manière à amener une partie de la trace précédente sur l'autre. Marque bien le nouveau pli.
Déplie la feuille entière ; pose-la sur la table. Tu as obtenu deux lignes perpendiculaires.
On dit que deux lignes droites perpendiculaires forment des angles droits.

Texte d'un élève de CM2

« *Un énoncé de mathématiques pressé.*
Plie ***rapidement*** *une feuille* ***impatiente*** *de papier* ***froissé*** *en deux et marque* ***bien vite*** *le pli urgent en passant* ***brusquement*** *entre le pouce* ***crispé*** *et l'index* ***agité****.*
Plie à nouveau en deux de manière à amener ***promptement*** *une partie de la trace* ***vive*** *précédente sur l'autre. Marque* ***bien vite*** *le nouveau pli* ***essoufflé****. Déplie* ***vivement*** *la feuille entière ; pose-la* ***rondement*** *sur la table massive. Tu as obtenu très* ***rapidement*** *deux lignes perpendiculaires.*
On dit ***soudainement*** *que deux lignes droites perpendiculaires forment* ***instantanément*** *des angles droits.* »

L'enseignant fera remarquer que dans cet exercice, l'absence d'accord pour les adverbes s'oppose au fonctionnement des adjectifs ; il peut donc mettre en lumière de manière naturelle les particularités de ces deux ensembles.

▸ **Maternelle/CP/CE/CM**

9. Inclusions

Objectifs

– Accords en genre et en nombre d'une série de mots ou d'expressions.
– Relecture et réécriture où les élèves s'obligent à respecter l'intrusion d'éléments perturbateurs et à utiliser ces mêmes éléments d'une manière positive en les transformant en vecteurs esthétiques : effets de sens, de sons, de rythme, etc.

Règle du jeu

Il s'agit d'insérer une série de mots ou d'expressions imposés dans une phrase ou un écrit qui peut être distribué aux enfants ou qu'ils composent eux-mêmes. Cela oblige les enfants à remanier un groupe de mots ou une proposition : d'où des calculs portant sur le sens, les sons, puis la réécriture pour réguler la signification globale du texte.

Mots imposés

▸ **Cycles 2 et 3**

Une série de mots est fournie aux élèves. Ils doivent composer un texte où les mots apparaîtront dans l'ordre. Pour les plus jeunes, on n'imposera pas l'ordre des mots. Les mots peuvent être inscrits au tableau. Il est possible également de les écrire sur des étiquettes et de les placer dans des boîtes. Les enfants viennent tirer au sort un nombre imposé et inscrivent l'ordre d'apparition.
En Grande Section de maternelle, on fournira des fiches sur lesquelles on aura collé des images d'animaux, de personnages connus, d'objets, etc.
Les enfants viennent tour à tour tirer une image. Le premier commence à raconter une histoire en utilisant le premier mot, puis le second poursuit le récit après avoir tiré au sort une autre image, et ainsi de suite.

Sons obligatoires

▸ **Cycles 2 et 3**

Objectifs

– Discrimination auditive.
– Orthographe lexicale.
– Homophones.

Il s'agit d'écrire le plus grand nombre possible de mots à partir d'un son imposé. Les élèves disposent de 2 ou de 3 minutes.

On peut aussi donner davantage de temps afin que les groupes puissent utiliser des dictionnaires.

Exemple : le son [k]

Liste obtenue par un groupe d'élèves de CM1 avec utilisation du dictionnaire et en temps limité à 5 minutes ; la consigne précisait de varier le plus possible les lettres traduisant le son [k] : *calcul*, *colle*, *collet*, *casse*, *cascade*, *quelques*, *chaque*, *qui*, *que*, *culotte*, *chaos*, *képi*, *complice*, *camping*, *courage*, *cour*, *courtier*, *chic*, *choc*.

Sens obligatoires ◗ CM2

Objectifs

– Écrire sans erreur des mots invariables, en particulier les plus fréquents de ceux étudiés en grammaire (ici, des mots-outils).
– Savoir placer ces mots d'une manière judicieuse dans un écrit.

Ici, il s'agit de placer des locutions, des formules toutes faites ou des connecteurs.

Exemple : les connecteurs exprimant les nuances temporelles

Pour cette activité, la classe est divisée en groupes de trois ou de quatre élèves.
Dans un premier temps, les élèves relèvent dans des récits et des contes des expressions marquant le temps : « *hier, la semaine prochaine, le mois dernier, il y a bien longtemps, au temps où, le matin, le soir, dans la soirée, sur-le-champ, dorénavant, à midi, en ce temps-là, préalablement, tout de suite, instantanément, illico, à l'instant, à la minute, déjà, aussitôt, au moment où, séance tenante…* »
Une fois ce recensement fait, le maître propose de résumer un conte connu en employant un grand nombre de mots de la liste et en essayant de ne pas les répéter.

Début du Petit Poucet par un groupe d'élèves de CM2

« *Il y a bien longtemps, au temps où la forêt occupait la presque totalité de la France, vivait à l'orée d'un bois une famille de bûcherons. Ils étaient pauvres. Un jour, les parents décidèrent de perdre leurs sept enfants qu'ils ne pouvaient plus nourrir… Mais, ce soir-là, le plus petit des enfants, appelé le Petit Poucet, surprit leur conversation. Le lendemain, il remplit ses poches de cailloux blancs qu'il sema immédiatement sur le chemin…* »

Inclusions de verbes

CM1/CM2

Objectifs

– Savoir conjuguer des verbes appartenant aux trois groupes de la conjugaison.
– Connaître l'orthographe lexicale de ces verbes.

Les élèves doivent insérer une série de verbes dans un texte. Ceux-ci sont à l'infinitif et doivent être conjugués à la personne et au temps qui conviennent. Il est possible d'alterner des verbes du 1er groupe avec des verbes du second groupe dans la liste imposée, puis, plus tard, d'introduire des verbes fréquents du 3e groupe.
À la fin de la séance, les textes sont lus.
L'enseignant peut faire tirer au sort chaque liste de verbes : ainsi leur nombre est plus élevé et la lecture des textes plus variée.

Exemple

Pour cet exemple, nous avons fourni aux élèves la liste des verbes à savoir conjuguer en fin de cycle 3 : *être*, *avoir*, *faire*, *venir*, *dire*, *aller*, *finir*, *voler*, *essayer*, *avancer*. On donne pour consigne d'utiliser le plus grand nombre de verbes possibles à condition qu'ils conviennent au sens de l'écrit.
Sur le modèle de *La sauterelle* de Robert Desnos, voici le texte d'une élève de CE2 :

Texte modèle	Texte d'un élève de CE2
La sauterelle *Saute, saute, sauterelle* *Car c'est aujourd'hui jeudi* *Je sauterai, nous dit-elle* *Du lundi au samedi* *Saute, saute, sauterelle* *À travers tout le quartier* *Sautez donc Mademoiselle,* *Puisque c'est votre métier.* Robert Desnos, *Chantefables et Chantefleurs*, © Éditions Gründ, 1994.	*La sauterelle* *Saute, et vole sauterelle* *Car c'est aujourd'hui jeudi et demain sera vendredi* *Je sauterai et j'avancerai* *Du lundi au samedi pour finir* *Saute et va sauterelle* *À travers tout le quartier* *Sautez donc et essayez Mademoiselle* *Puisque c'est votre métier.*

Inclusions d'adjectifs numéraux cardinaux

Objectif

Savoir écrire les adjectifs numéraux cardinaux de 1 à 10.

Le principe est le même que précédemment, mais ici on impose une série de chiffres soit dans l'ordre, soit dans le désordre.

Exemple

Dans le texte ci-dessous rédigé par une élève de CM2, l'élève avait pour consigne d'écrire un texte en y incluant des chiffres de 1 à 10 dans l'ordre.

« *Monsieur Martin habitait au numéro* ***un*** *de la rue des* ***deux****-sœurs. Son appartement, un* ***trois*** *pièces, était devenu trop petit; il recherchait un* ***quatre*** *pièces. Ce jour-là il prit sa vieille Renault* ***cinq*** *et alla prospecter. Il avait retenu* ***six*** *annonces de location.*

Au bout d'un moment, il arriva à la première adresse et se trouva devant un immeuble de ***sept*** *étages qui n'était pas aussi haut que ça à côté d'un autre qui faisait* ***huit*** *étages. Comme il était tôt, il ne voulut pas déranger les locataires et attendit* ***neuf*** *heures. Puis il sonna : une voix lui indiqua le code très simple, c'était le* ***dix****.* »

Inclusions de mots au pluriel ou au singulier, au féminin ou au masculin

▶ **Cycle 3**

Objectifs

– Accords en genre et en nombre des mots et des adjectifs qui constituent l'environnement ainsi que des déterminants.
– Accord des possessifs.

On peut demander à la classe d'inclure dans un texte des mots au pluriel ou au singulier, au féminin ou au masculin.

Exemple

Voici un exemple obtenu à partir d'une comptine.

Les mots imposés sont des singuliers : *poisson*, *canard*, *escargot*.

Texte modèle	Texte d'un élève de CE2
Si les poissons savaient marcher *Ils aimeraient bien aller le jeudi au marché.* *Si les canards savaient parler* *Ils aimeraient bien aller le dimanche au café.* *Si les escargots savaient téléphoner* *Ils resteraient toujours au chaud dans leur coquille.* Claude Roy, « Avec des "si" », *Enfantasques*, Gallimard, 1979.	*Si le poisson savait marcher* *Il aimerait bien aller le jeudi au marché.* *Si le canard savait parler* *Il aimerait bien aller le dimanche au café.* *Si l'escargot savait téléphoner* *Il resterait toujours au chaud dans sa coquille.*

▸ **Cycle 3**

10. Le centon

Objectif

Lier deux propositions entre elles. Veiller à la cohésion d'une phrase.

Règle du jeu

En grec, « *centon* » signifie « vêtement composé de plusieurs morceaux ». Le centon consiste à accoler deux textes ou deux phrases ou encore deux propositions pour ne faire qu'un seul écrit nouveau.

Avec des élèves de classes élémentaires, on proposera des collages simples combinant des propositions ou des phrases simples.

Le centon peut se pratiquer avec des proverbes. C'est un très bon entraînement au travail de la forme et du sens.

On distribue une liste de proverbes simples, puis on explique le sens de ceux qui posent problème.

Ensuite, on effectue des rapprochements de sens et de forme entre les phrases distribuées. Cela permet une imprégnation et une certaine familiarisation avec ce mode de communication.

Pour faciliter la création, on sélectionne une série de proverbes comportant une subordonnée commençant par « que », ou par des relatives commençant par « qui ».

Liste avec « que »

- *Mieux vaut tenir qu'espérer.*
- *Un tien vaut mieux que deux tu l'auras.*
- *Il faut que jeunesse se passe.*
- *Mieux vaut tard que jamais.*
- *On ne prête qu'aux riches.*
- *Tant va la cruche à l'eau qu'à la fin elle se casse.*
- *Il n'est pire aveugle que celui qui ne voit pas.*
- *En mai fais ce qu'il te plaît.*
- *Il faut battre le fer tant qu'il est chaud.*
- *Mieux vaut un petit chez soi qu'un grand chez les autres.*
- *Mieux vaut faire envie que pitié.*

L'enseignant montre à la classe que ces proverbes peuvent se scinder en deux au niveau de la conjonction de subordination.

La consigne est la suivante : « *En combinant des morceaux de proverbes, essaye d'en fabriquer d'autres nouveaux. Tu expliqueras ce qu'ils signifient. Tu dois accorder les mots de ta phrase si tu en as besoin.* »

Exemples

Proverbes nouveaux obtenus dans une classe de CE2 avec leurs explications.

1. *Mieux vaut un petit chez soi que deux tu l'auras.*
→ Il vaut mieux avoir un appartement qu'en chercher un.

2. *Il faut battre le fer tant que les murs ont des oreilles.*
→ Il faut faire du bruit quand dehors il y a du bruit.

3. *Mieux vaut faire envie que dormir sur ses deux oreilles.*
→ Il vaut mieux travailler que ne rien faire.

4. *Tant va la cruche à l'eau qu'elle devient chaude.*
→ Il faut ménager ses outils.

5. *Il faut battre le fer tant que jeunesse se passe.*
→ Il faut travailler quand on est jeune.

Variante

▸ CE1

Objectifs

– Rapprocher deux phrases pour en faire une.
– Accorder les mots contenus dans les deux propositions.

Le même genre de jeu peut être proposé avec des locutions ; dans ce cas, il faudra simplement accoler deux locutions pour en faire une phrase sensée.

Exemples

Être sage comme l'or.
Donner du fil à retordre à ses grands chevaux.
Être franc comme chien et chat.
Avaler des couleuvres et du pain sur la planche.
Clair comme la poire et le fromage.
Chassez-le par la porte, il boira du petit-lait.

▶ **Cycle 3**

11. De 1 à 10

Objectifs

– Ajouter des mots ou des adjectifs dans une phrase et les accorder.
– Se préoccuper du sens de la phrase à tous les stades de son élaboration.

Règle du jeu

Cette règle empruntée à un jeu de l'OuLiPo consiste à combler tous les espaces entre les mots d'une phrase quelconque par un, deux ou trois mots (jusqu'à dix si besoin est).

Cet exercice peut être difficile si l'enseignant n'a pas pris soin de sélectionner la phrase imposée.

Exemple de phrase élaborée par un groupe d'élèves de CE2

Le cheval galope sur la piste.

→ *Le beau cheval noir galope sans se fatiguer sur une partie de la longue piste.*

Variante : espaces désignés

Dans une phrase donnée, seuls quelques espaces désignés par l'enseignant doivent être comblés.

Exemples

1. *Il faut .... qu'une porte soit .... ouverte ou .... fermée.*

→ *Il faut* **toujours** *qu'une porte soit* **grande** *ouverte ou* **bien complètement** *fermée.*

Les espaces peuvent être désignés et le nombre de phrases attendues précisé.

2. *Il faut .... qu'une porte soit .... ouverte ou .... fermée. (2)*

→ *Il faut* ***toujours*** *qu'une porte soit* ***largement*** *ouverte ou* ***soigneusement*** *fermée.*

→ *Il faut* ***bien*** *qu'une porte soit* ***totalement*** *ouverte ou* ***bien alors*** *fermée.*

Variante avec amorce grammaticale

Objectifs

– Accorder les mots constituant la proposition.
– Savoir conjuguer.
– Ponctuer la phrase.

Le ou les espaces désignés sont précédés d'une amorce grammaticale qui oblige les élèves à écrire une suite au pluriel ou à un autre temps de la conjugaison.

Exemples

On distribue un texte et on marque le mot inducteur au début de (ou des) intervalle(s).

1. *À bon chat* **bon rat**. (pluriel)

→ *À bon chat bon rat* ***et les maîtres seront heureux.*** (CE2)

2. *Chat échaudé craint* ***l'eau froide.*** (pluriel)

→ *Chat échaudé craint* ***les braises.*** (CE1)

→ *Chat échaudé craint* ***les flocons de neige.*** (CE2)

3. *Qui vole un œuf* ***vole un bœuf.*** (féminin)

→ *Qui vole un œuf* ***vole une poule.***

L'amorce peut être double :

4. *Qui vole un œuf* ***vole un bœuf*** (pluriel + adjectif)

→ *Qui vole un œuf* ***vole des voitures neuves.***

5. *Tous les chemins......* (pluriel + adjectif) *mènent à Rome.*

→ *Tous les chemins* ***même les petits sentiers*** *mènent à Rome.*

6. *Tant va la cruche......* (féminin) *à l'eau...... qu'à la fin elle se casse.......* (pluriel).

→ *Tant va la cruche* ***de la fermière*** *à l'eau* ***du ruisseau*** *qu'à la fin elle se casse* ***en mille morceaux.*** (CM2)

On peut aussi donner une contrainte de nombre de mots par une série de chiffres.

7. *Les murs ....* (1, 2, 3, 4, pluriel) *ont des oreilles.*

→ *Les murs* ***solides*** *ont des oreilles.*

→ *Les murs* ***très hauts*** *ont des oreilles.*

→ *Les murs,* ***bien que muets****, ont des oreilles.*

→ *Les murs* ***que les maçons construisent*** *ont des oreilles.*

8. *Qui veut noyer ....* (féminin, 2, 3, 4, 5, 6) *l'accuse de la rage.*

→ *Qui veut noyer* ***sa chienne*** *l'accuse de la rage.*

→ *Qui veut noyer* ***sa chienne docile*** *l'accuse de la rage.*

→ *Qui veut noyer* ***sa chienne même docile*** *l'accuse de la rage.*

→ *Qui veut noyer* ***sa chienne, même sachant nager****, l'accuse de la rage.*

→ *Qui veut noyer* ***sa chienne, même en bonne santé****, l'accuse de la rage.*

▸ **Cycle 2/Cycle 3**

12. Mots-valises

Objectifs

– Connaître le rôle des préfixes et des suffixes.
– S'appuyer sur sa connaissance des familles de mots pour écrire sans erreur des mots nouveaux (préfixe *in-*, *im-*, *il-*, ou *ir-*, suffixe *-tion*.

Règle du jeu

Les élèves, en groupe ou seuls, doivent fabriquer des mots nouveaux avec les syllabes composant d'autres mots.

Dans une perspective orthographique, nous nous limiterons aux mots-valises créés à l'aide de préfixes et de suffixes.

L'enseignant explique un certain nombre de préfixes ; il les inscrit en colonne au tableau. Ensuite, il place une série de mots à droite de ces préfixes. Pour commencer, il montre comment procéder à des combinaisons : préfixes/mots. En même temps, il indique des sens possibles à ses trouvailles. Enfin, la classe est invitée à procéder de la même manière.

pré	*bavard*
dé	*oranger*
mini	*nain*
in	*sorcière*
im	*héros*
il	*travailleur*
ir	*lion*
micro	*éléphant*
bi	*ballon*
anti	*souris*
hyper	*château*
maxi	*rapide*
	géant

Les élèves proposent des mots accompagnés de leur pseudo-définition.

Exemples

Voici les définitions données par des élèves de CE2 :

Un hyper héros : *c'est un héros supérieur à tous les autres.*

Une maxi souris : *c'est une souris qui a une taille de lapin.*

Un inrapide : *c'est quelqu'un qui est très lent.*
Un hyper ballon : *c'est un ballon trop gonflé.*
Un bigéant : *c'est un géant à deux têtes.*
Un micro travailleur : *c'est quelqu'un qui travaille juste ce qu'il faut.*
Un imbavard : *c'est quelqu'un qui n'aime pas bavarder.*

On peut pratiquer de même avec une série de verbes précédés d'une série de préfixes.

pré	*marcher*
dé	*écrire*
mini	*aller*
in	*partir*
im	*chanter*
il	*finir*
micro	*faire*
bi	*dire*
anti	*venir*
hyper	*voir*
maxi	*sauver*

Voici les définitions données par des élèves de CM1 :
Impartir : *refuser de partir.*
Bichanter : *chanter deux fois la même chose.*
Microdire : *dire quelque chose à voix basse.*
Hyperfaire : *faire beaucoup de choses.*
Maxiécrire : *écrire beaucoup de choses et trop.*

Même principe avec une série d'adjectifs (classe de CM2) :
Maxiélégante : *quelqu'un de très bien habillé.*
Anticurieux : *qui n'aime pas les gens curieux.*
Imbavarde : *qui se tait.*
Dévolontaire : *qui n'a pas de volonté.*

▸ Cycle 2

13. Soleils

Objectif

- Travailler l'accord sujet verbe. Appliquer la règle de l'accord du verbe avec son sujet, y compris avec le sujet « qui » de 3e personne.
- Travailler l'accord des adjectifs qualificatifs dans une proposition.
- Travailler les temps de la conjugaison.

Règle du jeu

Les enfants doivent dessiner un soleil avec ses rayons. Au centre, ils inscrivent un verbe dicté par l'enseignant. Puis ils complètent les rayons par des mots, des propositions ou des phrases selon la consigne.

Exemples

1. Ci-dessous, une induction de groupes de mots au pluriel.
Les élèves remplissent les rayons par les groupes accordés.

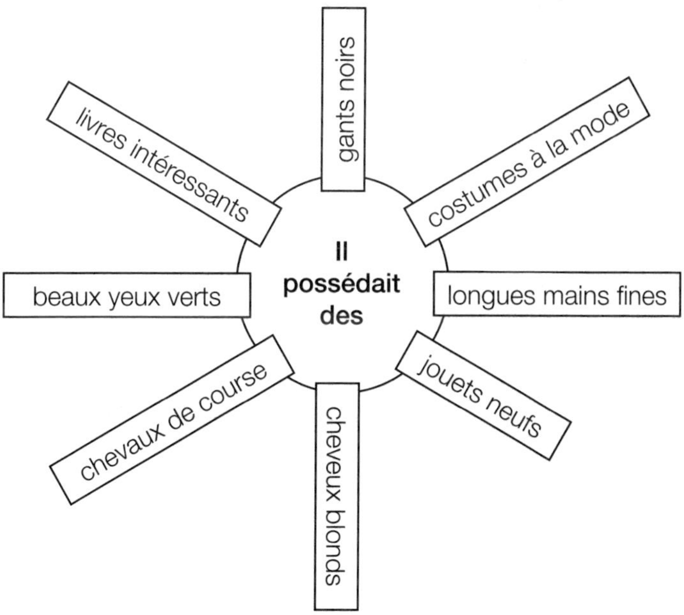

2. Ci-dessous, un exemple avec des verbes à l'infinitif.

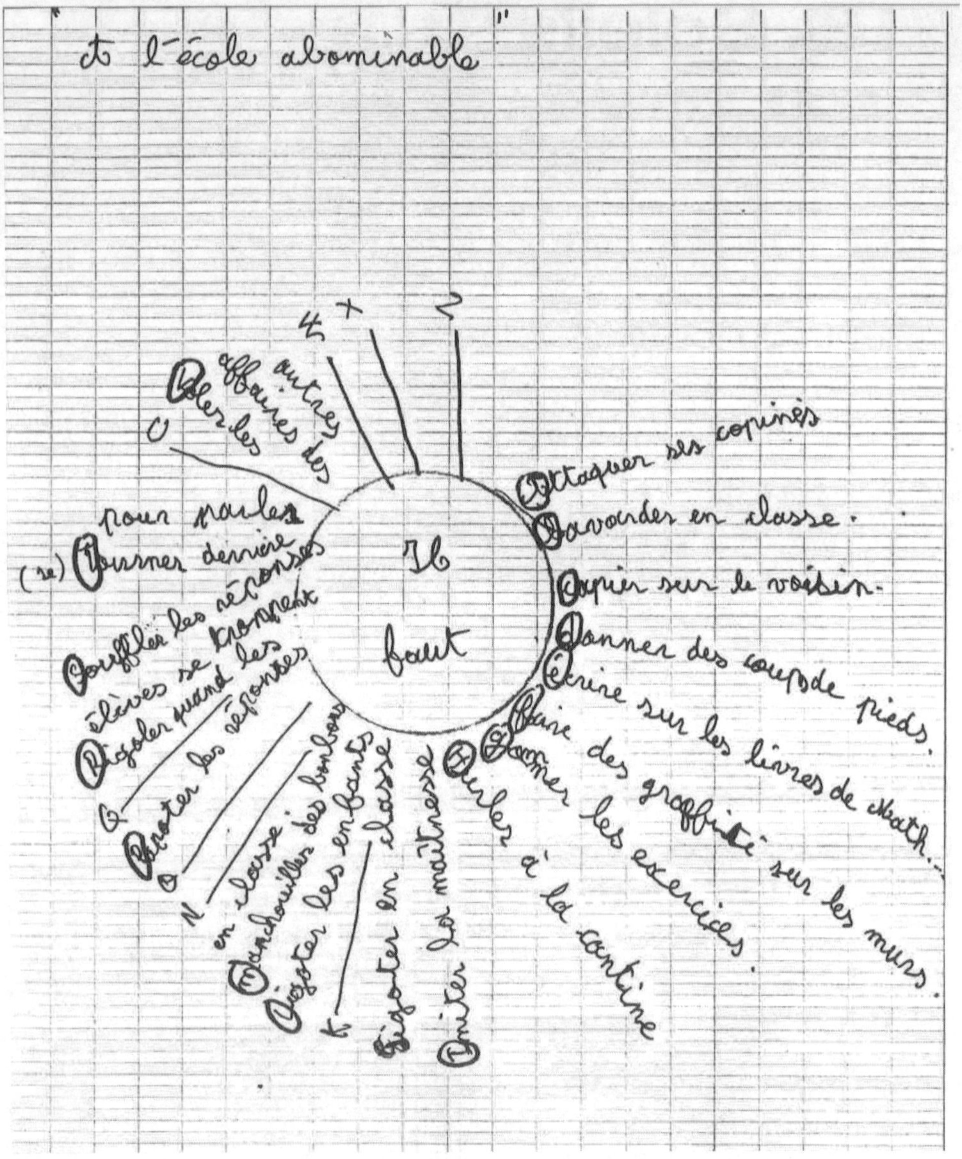

3. Ici, un exemple de soleil réalisé par un élève de CM1 avec des verbes conjugués à l'imparfait.

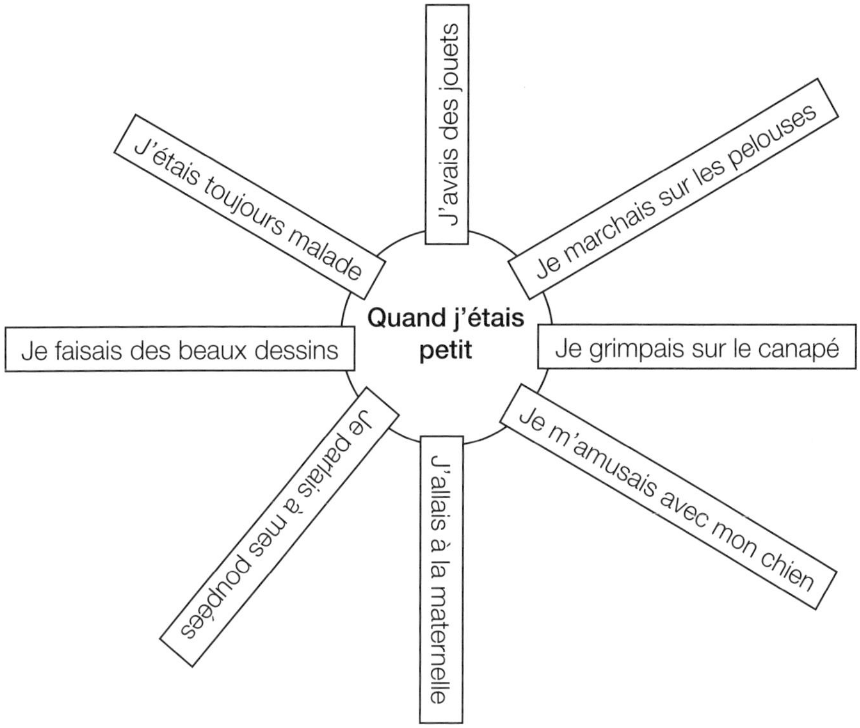

4. Avec d'autres mots inducteurs, on peut faire écrire des verbes au futur (« *Quand je serai grand…* ») ou des groupes de mots au féminin (« *Marion aime la…* »).
D'autres phrases inductrices peuvent obliger les élèves à la fois à conjuguer et à accorder les participes passés.
Par exemple :
« *Celui que je féliciterai…* » (les enfants doivent utiliser *sera* ou *aura*).
« *Celle que je féliciterai…* » (accord du participe passé avec le pronom féminin).
« *Ceux que je féliciterai…* » (accord avec le pronom masculin pluriel).
« *Celles que je féliciterai…* » (accords en genre et en nombre).

5. Ici, un exemple de soleil avec le futur et le féminin pluriel réalisé par une élève de CM2.

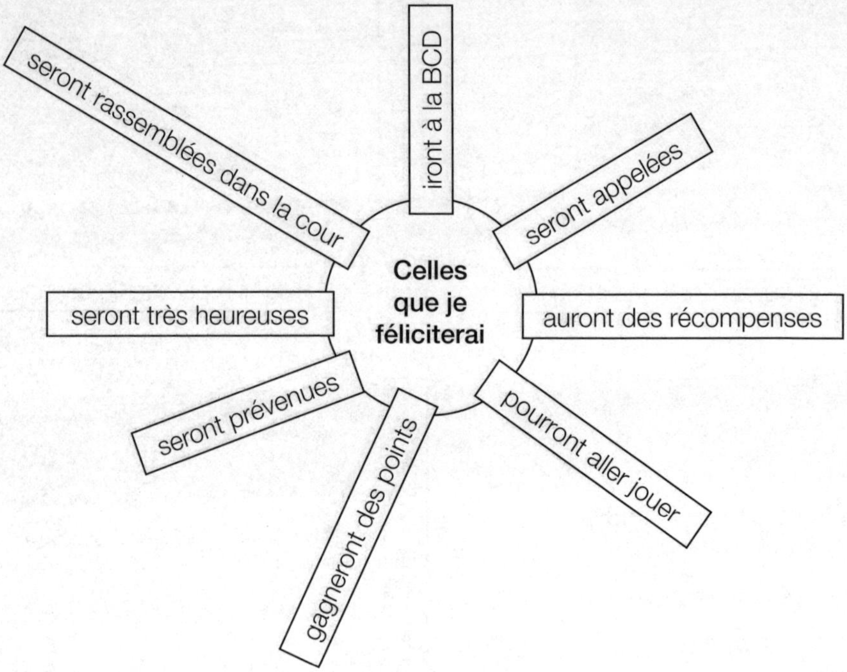

▶ **Cycle 2/Cycle 3**

14. Le tautogramme

Tautogramme vient du grec *tauto* qui signifie « le même » et *gramma*, « lettre ». C'est un texte ou une phrase constitués de mots qui débutent tous par la même lettre.

Objectif

Écrire correctement (doublement de la consonne) le début des mots commençant par *ap-*, *ac-*, *af-*, *ef-* et *of-*.

Règle du jeu

Pour mettre la consigne à la portée des enfants de l'école élémentaire, on la modifie par : « *Écris un texte dans lequel le plus grand nombre de mots commenceront par la même lettre.* »

On peut aussi demander qu'un texte soit composé avec le plus grand nombre de mots commençant par « af- » ou « ac- », ou de verbes en « ap- ».

Exemple

Exemple d'un élève de CM2 pour des mots commençant par « af- » et par « ap- ».

Consigne : « *Écris un texte dans lequel tu emploieras le plus grand nombre possible de mots commençant par* "af-" *et par* "ap-". »

Après avoir relevé des mots en « af-» et en « ap-» dans le dictionnaire, les enfants ont produit en groupe de trois le texte ci-dessous.

« *Il était une fois une petite fille qui voulait aller voir le Carnaval. Elle* ***ap****pela sa mère : Maman est-ce que je peux aller* ***ap****plaudir le défilé, le thème c'est l'****Af****rique.*

– Oui, je vais même ***ap****peler ton amie Marion* ***af****in qu'elle t'accompagne. Les deux filles partirent et* ***ap****prochèrent des déguisements* ***af****ricains. Elles* ***ap****plaudirent les chars fleuris qui* ***ap****parurent et elles* ***ap****erçurent des géants dépassant les chars et elles* ***ap****prochèrent des musiciens.* ***Ap****rès, elles allèrent dans la foule ; mais au bout d'un moment,* ***af****folées et* ***ap****eurées elles revinrent chez elles. Elles racontèrent leur peur et les parents s'****ap****itoyèrent.* »

Première variante

Objectif

Utiliser sans erreur les accents (*é*, *è*, *ê*).

Outre les mots à insérer dans un écrit, on peut demander aux élèves d'accumuler les mots accentués.

Exemple

Consigne : «*Écris un texte dans lequel tu inséreras le plus grand nombre possible de mots s'écrivant avec un accent circonflexe.*»

Voici un texte produit par des élèves de CM1 :

«*C'est la* ***fête*** *chez les circonflexes.*

À l'école, on ***enquête*** *: qui a fait* ***disparaître*** *la* ***boîte*** *de* ***gâteaux*** *pour la* ***fête*** *de* ***Benoît*** *? Elle était sur la* ***fenêtre****, c'est* ***sûr****, à côté de la* ***flûte****.*

*Peut-****être*** *quelqu'un* ***connaît****-il le* ***traître*** *? C'est la* ***gaîté*** *dans la classe.*

La ***maîtresse*** *cherche aussi, mais rien. Mais,* ***bientôt****, elle se* ***fâche*** *: "À votre* ***âge****, dit-elle !"*

Au bout de quelques minutes, la ***boîte reparaît*** *comme par magie.*»

Seconde variante

Objectifs

– Orthographe lexicale de mots contenant une syllabe particulière.
– Entraînement à la relation phonème-graphème.

On peut aussi jouer sur les syllabes ou sur les sons.

Dans ce cas, la consigne serait : « *Écris un texte dans lequel tu inséreras la syllabe* cha *le plus grand nombre de fois possible (ou le son … le plus grand nombre de fois).* »

Dans ce dernier cas, les enfants s'apercevront que le même son peut se traduire par des graphèmes différents et, d'une manière naturelle, ils prendront conscience que pour communiquer correctement par écrit, il faut respecter les correspondances entre lettres et sons.

Un exemple de production d'élève au CM2.

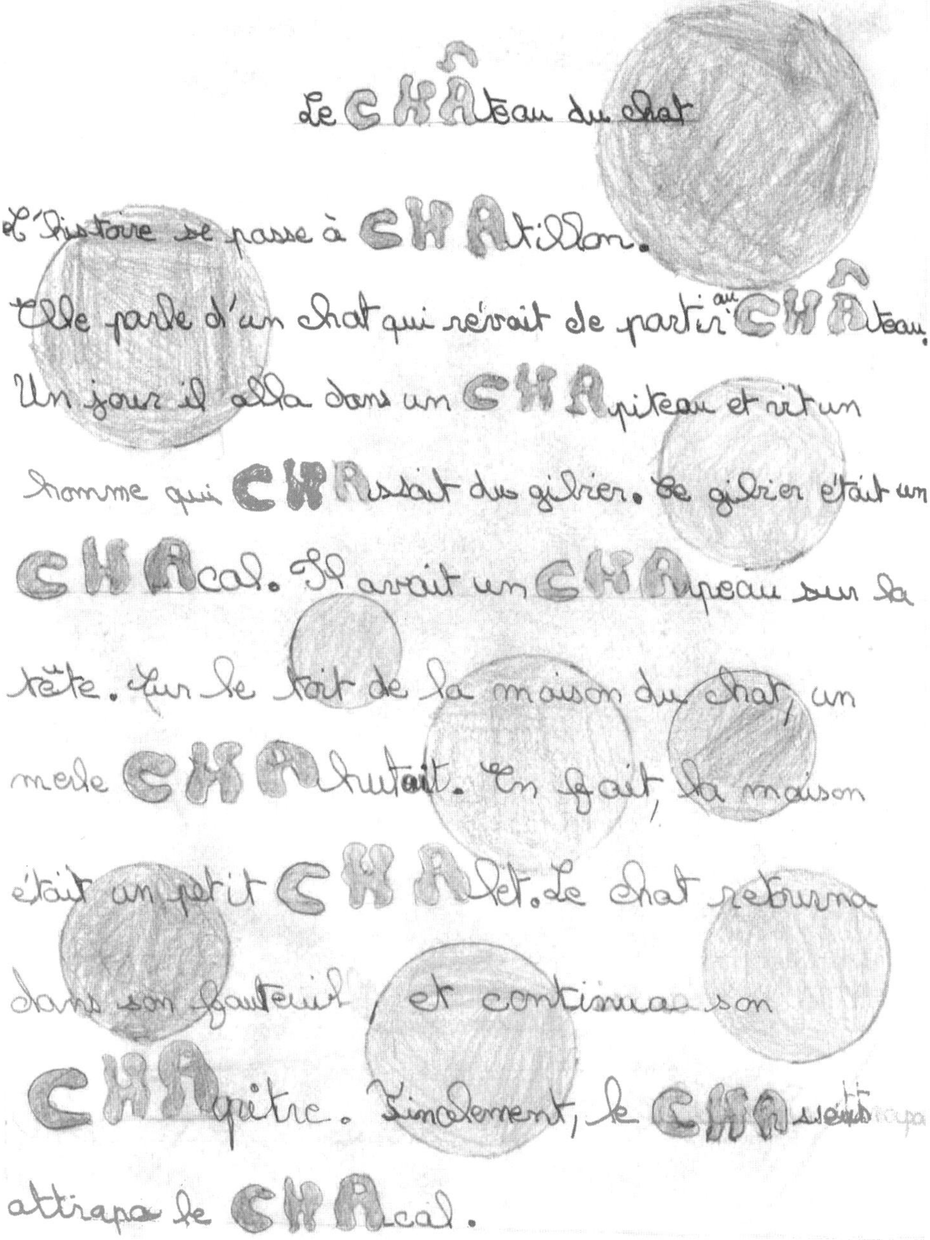
Le CHÂteau du chat

L'histoire se passe à CHÂtillon.
Elle parle d'un chat qui rêvait de partir au CHÂteau.
Un jour il alla dans un CHApiteau et vit un
homme qui CHAssait des gibier. Le gibier était un
CHAcal. Il avait un CHApeau sur la
tête. Sur le toit de la maison du chat, un
merle CHAhutait. En fait, la maison
était un petit CHAlet. Le chat retourna
dans son fauteuil et continua son
CHApitre. Finalement, le CHAsseur
attrapa le CHAcal.

Cycle 2, et plus particulièrement CP/CE1

15. Les mots tordus

Objectifs

– Respecter la valeur des lettres en fonction des voyelles placées à proximité.
– Respecter les correspondances entre lettres et sons.

Règle du jeu

Ce jeu s'inspire de certains albums de Pef dont l'humour porte sur des confusions sonores entre deux mots proches.

L'enseignant propose à la classe d'abord oralement des phrases absurdes dont les absurdités proviennent d'erreurs sur des oppositions vocaliques ou consonantiques.

Il dit : « *La princesse mangeait un beau poison.* » Les élèves doivent corriger.

Lorsque la classe a bien compris, il distribue une série de phrases dans lesquelles sont inscrites des absurdités. Les élèves doivent corriger par écrit.

Voici une liste de phrases aux mots tordus distribuée en CE1. Celles-ci portent sur presque toutes les oppositions phonologiques possibles. Seule la partie droite du tableau est distribuée aux enfants.

Oppositions	Mots tordus à « détordre »
[p/b]	*La maîtresse a orné l'arbre de Noël de belles poules.* *Ce gros chien lui fait beurre.*
[p/t]	*Mon voisin a pris froid : il a une quinte de poux.*
[t/d]	*Le prince a pris froid : il a une grosse doux.* *De l'eau, s'il vous plaît, mon verre est vite.*
[d/g]	*Le roi et la reine se protègent des doutes de pluie.*
[t/k]	*Les élèves de maternelle savent compter jusqu'à croix.* *Le vent a détaché une tuile de mon quoi.*
[b/d]	*Les garçons jouent à la dalle.*
[k/g]	*Le maître s'habille bien : il a du coût.* *On va jouer à gâche-gâche.*
[f/v]	*Mon père boit du fin à table.* *Les hirondelles folent à ras de terre.*
[s/z]	*Le client se régale avec son poison frit.* *Yann est privé de désert.*

[m/n]	*Ma mère a une Annie d'enfance.* *Il pleut, prends un parapluie pour ne pas te nouiller.*
[a/ã]	*Mon voisin est assis sur un bas.* *La dame porte sur ses épaules une campe noire.*
[o/ɔ̃]	*Les boulangers se lèvent ton le matin.* *Pierre aime les côtes de fées.*
[é/ɛ̃]	*Cette fille a des doigts de fin.*
[ɪ /ʀ]	*Le chat a bu tout son bord de lait.*
[ʒ/ʃ]	*Les oiseaux risquent de s'envoler ; ferme la porte de la cache !*
[u/y]	*Tournez à droite dans cette roue vous trouverez vite le château.* *Ne mets pas tes mains sourd la table.*

Cycle 2/Cycle 3

16. N + 7, V + 7, A + 7

Objectifs

- Repérer les différentes catégories grammaticales et retenir leurs abréviations.
- Écrire et utiliser sans erreur les marques du pluriel et du féminin.
- Écrire sans erreur les formes des verbes étudiés aux temps étudiés…

Règle du jeu

Ce jeu, inventé par le groupe de l'OuLiPo, consiste à remplacer tous les substantifs d'un texte par le septième mot qui suit trouvé dans le dictionnaire.

En classe, on forme des équipes de deux élèves puis on distribue un texte où les deux ou les trois premiers noms sont soulignés.

On recherche ensemble dans un dictionnaire le premier mot puis on suit dans la colonne jusqu'à ce que l'on ait compté six autres noms communs.

On remplace le nom d'origine par le dernier mot trouvé, et ainsi de suite.

Si le mot sélectionné n'est pas du même genre, on continue le repérage jusqu'à ce que l'on atteigne un mot qui convienne.

On pourra faire de même avec les verbes.

On peut rendre la consigne un peu plus facile et l'exercice plus rapide en imposant un repérage moins long : N + 2, N + 3, N + 4.

Exemple

Texte distribué : *Les trois lapins* (G. Delaunay)

Voici la production d'un élève de CE2 :

Les trois lapins *En allant chercher mon pain* *Je rencontre trois lapins* *Je les mets dans mon panier* *Ils se mettent à gigoter ;* *Je les mets dans mon placard,* *Ils me mangent tout mon lard ;* *Je les mets au coin du feu,* *Ils s'endorment tout heureux.* G. Delaunay (D.R.)	***Les trois laquais*** *En allant chercher ma paix* *Je rencontre trois laquais* *Je les mets dans mon panneau* *Ils se mettent à gigoter ;* *Je les mets dans mon panneau,* *Ils me mangent toute ma largeur* *Je les mets au coin de la feuille* *Ils s'endorment tout heureux.*

Outre les recherches qui obligent à sélectionner le genre du mot et l'accord en nombre, les enfants sont conduits à apprendre des mots nouveaux, à questionner l'enseignant sur leur sens, leur utilisation.

Variante

Objectif

Faire conjuguer naturellement des verbes de groupes différents, de personnes différentes dans un ordre aléatoire et ainsi éviter les paradigmes figés de la conjugaison classique.

On peut distribuer un texte dans lequel les noms auront été préalablement soulignés afin de réduire le nombre de mots à rechercher dans le dictionnaire. C'est le cas pour les verbes.

Exemple

Production d'un élève de CM2 à partir d'une comptine :

La girafe *Si la girafe étire son cou* *C'est pour regarder partout.* *Elle est curieuse, voilà tout.*	***La girafe*** *Si la girafe étoffe son cou* *C'est pour regarnir partout.* *Elle est curieuse, voilà tout.*
Si le dromadaire fait le gros dos *C'est pour qu'on le prenne en photo.* *Il croit qu'il est le plus beau.*	*Si le dromadaire falsifie le gros dos* *C'est pour qu'on le présente en photo.* *Il croit qu'il est le plus beau.*
Si le caïman bâille de toutes ses dents *C'est parce qu'il s'ennuie tout le temps.* *Mais ça fait peur aux enfants.*	*Si le caïman balaie de toutes ses dents* *C'est parce qu'il s'enrage tout le temps.* *Mais ça fait peur aux enfants.*

Variante avec A + 7

CM

Objectif

Pour cette activité, il faut que l'élève repère les différents adjectifs, retienne dans le dictionnaire celui de même genre en sautant les mots qui ne conviennent pas et, enfin, qu'il accorde cet adjectif avec le nom qu'il qualifie.

Dans ce cas, seuls les adjectifs seront remplacés par d'autres prélevés dans le dictionnaire.

Exemple

Voici un exemple pour un élève de CM2 :

La lune blanche *La lune blanche au rire éteint* *Glisse dans l'air où rien ne pèse ;* *On entend le frisson lointain* *D'un long murmure qui s'apaise.* *L'heure est si pure qu'on dirait* *Que la montagne est transparente* *Et que les arbres dilués* *Sont les reflets d'une eau dormante.* Cécile Sauvage (1883-1927)	***La lune blasphématoire*** *La lune blasphématoire au rire éternel* *Glisse dans l'air où rien ne pèse ;* *On entend le frisson lombaire* *D'un longiligne murmure qui s'apaise.* *L'heure est si puritaine qu'on dirait* *Que la montagne est transporteuse* *Et que les arbres diminués* *Sont les reflets d'une eau dosable.*

Cycle 3

17. Lipogrammes

Règle du jeu

Le lipogramme provient du grec *leipen* qui signifie « enlever » et *gramma*, « lettre » : c'est un mot à qui il manque une lettre. Le lipogramme est donc un texte dans lequel on n'utilise pas certaines lettres de l'alphabet.
Pour y parvenir, le scripteur doit contourner les mots contenant la lettre à éviter ; il utilise pour cela des synonymes, des locutions ou des périphrases.
Dans une perspective orthographique, certaines lettres gommées vont induire des textes au singulier (pas de « s ») ou au masculin (pas de « e »).

Gommer les « s »

Objectif

Cette consigne implique une écriture au singulier, mais elle laisse les groupes libres de composer le récit qu'ils souhaitent.

Exemple

Voici un texte sans « s » rédigé par un élève de CM1.
« *Ce jour-là un homme devait aller à l'entraînement du rugby. Il prit la route au volant d'une Clio en direction du terrain de jeu. Au feu rouge il marqua l'arrêt un peu fort. La voiture provenant de gauche ne put freiner et heurta l'arrière de la petite Renault. Projeté en avant le conducteur fut incapable d'éviter la vitre.* »

Variante

Au lieu de laisser les élèves composer le récit qu'ils souhaitent, on peut aussi leur donner un écrit court avec la consigne d'éviter les « s ».
Les groupes doivent donc repérer les mots contenant des « s » puis les remplacer par d'autres (travail sur la synonymie) ou bien remanier l'ensemble par des périphrases tout en veillant à être proche du sens original.
Cette consigne présente l'avantage de faire travailler sur une trame ; mais la disparition des lettres pose le problème de l'évitement tout en conservant la syntaxe du texte distribué.

Voici un exemple rédigé par un groupe d'élèves de CM1.

Texte modèle	Texte d'un élève de CM1
Trois escargots *J'ai rencontré trois escargots* *Qui s'en allaient cartable au dos* *Et, dans le pré, trois limaçons* *Qui disaient par cœur leur leçon.* *Puis, dans un champ, quatre lézards* *Qui écrivaient un long devoir.* *Où peut se trouver leur école ?* *Au milieu des avoines folles ?* *Peut-être est-ce une aristoloche* *Qui leur sert de petite cloche* *Et leur maître est-il ce corbeau* *Que je vois dessiner là-haut* *De belles lettres au tableau ?* Maurice Carême, *Pigeon vole* © Fondation Maurice Carême.	*J'ai rencontré un escargot* *Qui partait cartable à la main* *Et en un pré un limaçon* *Qui récitait par cœur la leçon.* *Et au milieu d'un champ un lézard* *Qui écrivait un long devoir* ...

Gommer les « n »

Consigne qui invite, entre autres, à éviter les verbes au pluriel.

Si l'on distribue un texte, les groupes devront remplacer les pluriels, les énumérations par des singuliers ou d'autres solutions de contournement.

Gommer les « r »

Cette consigne conduit à ne pas utiliser, entre autres, des verbes à l'infinitif et au futur.

Gommer les « a »

Objectif

Cette consigne conduit, entre autres, à supprimer les verbes à l'imparfait et certains autres au passé simple ; mais les « a » sont fréquents à l'écrit et leur suppression crée d'autres difficultés que l'on réservera à des CM2.

Exemple

Voici un exemple pour un groupe d'élèves de CM2 *(page suivante)*.

Le pas de l'oie	**Foulée d'une oie**
Un chat marchait *Au pas de l'oie* *Et l'oie* *Trouva* *Ce chat si noix* *Que d'un seul coup* *Elle le quitta* *Jurant de ne jamais* *Foi de l'oie* *Déambuler* *Sur cet air-là* Andrée Chedid, *Fêtes et lubies*, © Flammarion, 1973.	*Un chien court* *Comme une oie* *Et l'oie* *Trouve* *Ce chien si noix* *Que d'un seul coup* *Elle le quitte* *Et jure de ne plus* *Foi de l'oie* *Courir* *Sur cette musique-ci.*

Variantes

Objectif

Ces consignes permettent de travailler des domaines précis de l'orthographe comme les mots accentués, les mots doublant la consonne, et plus particulièrement écrire correctement le début (doublement de la consonne) des mots commençant par *ap-*, *ac-*, *af-*, *ef-* et *of -*.

Les consignes ci-dessous ne sont pas strictement des lipogrammes, mais s'en inspirent.

Gommer les accents

Cela conduit les enfants à repérer les mots accentués et à les remplacer par d'autres. Pour les participes passés, d'autres formes verbales (ou adjectifs verbaux) devront être choisies.

Gommer les doubles lettres

Les mots contenant *pp*, *cc*, *ff*, *tt*, *ll*, *nn*, *rr* seront sélectionnés, lus et remplacés par d'autres mots.

Exemple

L'enseignant prendra soin de choisir un texte où se trouveront de nombreux mots aux consonnes doublées. Ce début de poésie d'Huguette Amundsen en donne un bon exemple.
La contrainte est double : en effet, ce groupe d'élèves de CE2 a remplacé les mots comportant des lettres doublées par d'autres ; de surcroît, il a pris soin de conserver les rimes.

Texte modèle	Texte d'un élève de CE2
J'ai appelé le terrassier *Il marchait à cloche-pied* *J'ai appelé le moissonneur* *Il jurait comme un voleur* *J'ai appelé le cordonnier* *Il jetait tous ses souliers* *Alors je m'en suis allée* *J'ai vu des hannetons* *Tâtonnant en rond* *J'ai vu des limaces* *Faire la grimace* *J'ai vu une libellule* *Très crédule* *Puis me penchant encore* *J'ai vu un chou-fleur* *Chercher l'heure [...]* Huguette Amundsen (D.R.)	*J'ai hélé l'ouvrier* *Il marchait à cloche-pied* *J'ai hélé l'agriculteur* *Il jurait tel un voleur* *J'ai hélé le savetier* *Il jetait tous ses souliers* *Alors je suis partie* *J'ai vu les pucerons* *Marchant en rond* *J'ai vu des limaces* *Faire la grimace* *J'ai vu une tarentule* *Très crédule* *Puis me penchant encore* *J'ai vu un chou-fleur* *Chercher l'heure ...*

▸ CM

18. Dépaysements

Dans ce paragraphe, certaines idées de « dépaysements » sont inspirées d'exercices donnés par Claudette Lecuyer dans *Lire pour écrire, écrire pour lire*[1] et *Botoque Fréhir*, CP[2].

Règle du jeu

Objectifs

– Mettre un texte au féminin, au pluriel, à la forme négative ou interrogative.
– Commencer à utiliser de manière autonome les marques du genre et du nombre (pluriel du nom, féminin de l'adjectif, terminaison *-nt* des verbes du 1er groupe).
– Marquer l'accord entre le sujet et le verbe dans les phrases où l'ordre sujet-verbe est respecté.

La consigne se présente sous la forme :
« *Dans la ville des filles, tout est féminin.* »
« *Quelle singulière maison que la maison du singulier.* »
« *Au pays des jumeaux, tout va par deux.* »
« *Sur le territoire des têtus, tous disent non.* »
« *Dans la province des curieux, tous posent des questions.* »

Conjugaison

Objectif

Orthographier les formes conjuguées apprises.

Des consignes analogues permettent l'utilisation récurrente de temps ou de personnes de la conjugaison.
La consigne se présente sous la forme :
« *Dans le village du passé tout est passé.* »
« *La ville de 2100.* »
« *Le pays où les pronoms ont disparu.* »

1. Hachette Littératures, coll. « Pédagogies pour notre temps », 1984.
2. Hachette Écoles, 1991.

Nature et accords

Objectif

Utiliser sans erreur les marques du pluriel et du féminin des adjectifs.

Il s'agit de proposer des écrits centrés sur la nature grammaticale de certains mots et d'inviter à les accorder.
La consigne se présente sous la forme :
« *La contrée où les adjectifs qualifient.* »
« *La ville où les adjectifs se féminisent.* »
« *La vie déterminée des déterminants.* »
« *La procession des possessifs.* »

Au pays des lettres

Objectif

Écrire sans erreur les mots mémorisés et régulièrement révisés, en particulier les mots invariables acquis aux CP et CE1, des mots fréquents, des mots référents pour des sons.

Il s'agit d'écrire un texte en utilisant le plus grand nombre possible de mots contenant la lettre désignée.
La consigne se présente sous la forme :
« *Au pays des "a", gare à la casse.* »
« *Dans le village des deux "l", tout vole.* »
« *Au pays des "t", tous attendent.* »
« *La ville où les "s" sont si souvent présents.* »
« *Dans la famille des deux "c", il y a beaucoup d'accidents.* »
Les groupes recherchent dans des dictionnaires le plus grand nombre possible de mots répondant à la consigne ; ils composent ensuite un texte qu'ils lisent à la classe.
Par la suite, avec ce corpus de mots bien ciblés, le maître peut faire trouver une règle d'orthographe grammaticale ou lexicale.
Dans ce cas, les chances de réinvestissement des connaissances acquises semblent bien réelles.

▸ **Cycle 2/Cycle 3**

19. Le labyrinthe

Objectif

Toutes les particularités de l'orthographe lexicale et quelques aspects de l'orthographe grammaticale peuvent être travaillés.

Règle du jeu

Il s'agit d'un tableau comportant des cases. Dans celles-ci sont inscrits des mots, des syllabes ou des lettres. Le jeu consiste à retrouver le chemin de ces mots ou lettres et de recopier la réponse sur le cahier.

Pluriels

▸ **CE2**

Objectif

Commencer à utiliser de manière autonome les marques du genre et du nombre (pluriel des noms).

En partant de la case A, l'élève doit suivre le chemin des pluriels sans sauter de case. Ensuite, il doit relever le numéro de la sortie et recopier tous les groupes de mots qui lui ont permis de la trouver.

Dans ce cas, les déterminants ont été conservés car les élèves doivent s'habituer à leur rôle pour accorder.

On pourra construire un tableau identique avec des pluriels irréguliers (en «*eau*» et en «*eu*», par exemple).

un vin	tes chefs	**A**	les mains	un chien	nos arbres
cinq poules	cet enfant	le car	mes yeux	certains cas	sa bouche
une oie	leurs joies	trois craies	mes fleurs	des cris	la dame
cette lutte	quatre idées	la case	ces plans	mon âge	votre figure
une lèvre	quelques noms	des chants	huit sous	ces dessins	le champ
des voiles	cet hiver	tous les jours	notre route	des espèces	tous les chefs
1	2	3	4	5	6

Adjectifs au féminin

▶ **CE1**

Objectif

Commencer à utiliser de manière autonome les marques du genre et du nombre (pluriel du nom féminin de l'adjectif).

En partant de la case A, l'élève doit suivre les groupes d'adjectifs qualificatifs au féminin, sans sauter de cases. Ensuite, il doit relever le numéro de la sortie et recopier la suite des mots qui l'ont conduit à la réponse.

		A					1
noir	vaste	fermée	courte	épaisse	courageux	blanc	2
petit	haut	vert	fine	calme	patiente	pointu	3
calme	bonne	grande	correcte	rapide	belle	ouvert	4
fragile	sèche	vagabond	singulière	légère	forte	blonde	5
courte	premier	singulière	parfait	patient	long	brun	6
nuisible	long	bleue	paresseux	juste	perdu	heureuse	7

Le chemin des féminins pluriels

▶ **CE2**

Objectif

Utiliser sans erreur les marques du pluriel et du féminin des adjectifs.

En partant de la case A, l'élève doit suivre les groupes d'adjectifs qualificatifs au féminin pluriel, sans sauter de cases. Ensuite, il doit relever le numéro de la sortie et recopier la suite des mots qui l'ont conduit à la réponse.

	A					1
Des poires vertes	Les portes fermées	La jambe courte	La peau épaisse	Un chien courageux	Les yeux fermés	2
Des fleurs blanches	Ce poussin jaune	Une bague fine	Ce ciel calme	Cette chatte patiente	Une épée pointue	3
Des eaux troubles	Les grands arbres	Des tenues correctes	Un train rapide	Des belles routes	Mes mains ouvertes	4
Mes mains sèches	Des garçons fiers	Des filles blondes	Ces robes légères	Ces voix fortes	Un homme aimable	5
Les lettres petites	Des personnes seules	Des choses parfaites	Un fleuve large	Deux oreilles longues	Le teint brun	6
Mes cheveux longs	Ma robe bleue	Le loir paresseux	Une réponse juste	Certaines couleurs perdues	Ces portes basses	7

Le chemin du futur

▶ CE2

Objectif

Écrire sans erreur les formes des verbes étudiés aux temps étudiés, sans confondre, en particulier, les terminaisons (*-e,-es, -ent, -ons, -ont* ; *-ez, -ais, -ait, -aient* ; *-ras, -ra*).

En partant de la case A, l'élève doit suivre le chemin des verbes au futur sans sauter de cases. Ensuite, il doit relever le numéro de la sortie et recopier la suite des verbes conjugués qui l'ont conduit à la réponse.

	Faire				11
Tu cachais	Tu feras	Il fera	Il envoyait	Il poussait	10
Ils tiraient	Elles gardent	Nous ferons	Elle tombe	Ils tuent	9
Tu feras	Vous ferez	On sera	Elle fera	Nous finissons	8
Ils feront	Tu tournais	Nous levions	On montera	On écoutera	7
1	2	3	4	5	6

Le chemin des mots en *tt*

▶ CE

Objectif

Écrire sans erreur des mots invariables, en particulier les plus fréquents de ceux étudiés en grammaire.

En partant de la case A et en suivant les mots en *tt*, sans sauter de cases, l'élève doit trouver la bonne sortie. Il relève son numéro et recopie la suite des mots qui l'ont conduit à la réponse.

	A				
bête	cette	lettre	lunette	vote	13
vitre	vite	battre	squelette	tante	12
patrie	route	attendre	tous	tarte	11
recette	noisette	brouette	nette	botte	10
timbre	clochette	tresse	imitation	attirer	9
voûte	datte	tard	rente	pente	8
boîte	patte	trop	fillette	muette	7
1	2	3	4	5	6

Le chemin des *ap-* et des *ac-* ◗ CM

Objectif

Écrire correctement (doublement de la consonne) le début des mots commençant par *ap-*, *ac-*, *af-*, *of-*, *ef-*.

En partant de la case A et en suivant les mots qui débutent par *ap-* ou par *ac-*, sans sauter de cases, l'élève doit trouver la bonne sortie. Il relève le numéro et recopie la suite des mots qui l'ont conduit à la réponse.

	A				
rendre	appel	frère	passe	masse	13
comédienne	appeler	gens	assez	tête	12
nappe	accent	apercevoir	appui	ainsi	11
patte	jeter	papier	approcher	devoir	10
pierre	connaître	verre	acacia	enfant	9
ville	inconnu	amateur	apprendre	académie	8
vin	donc	vers	libre	tenir	7
1	2	3	4	5	6

Le chemin des mots où l'on entend [i] ◗ CE

Objectif

Respecter les correspondances entre lettres et sons.

En partant de la case A, puis B et C et en suivant les mots qui se terminent par le son [i], sans sauter de cases, l'élève doit trouver les trois bonnes sorties ; pour chaque réponse, il note le chiffre sur son cahier et recopie les listes de mots qui l'ont conduit aux trois réponses.

	souris			fourmi			amie		
	A			**B**			**C**		
balcon	précis	poire	ainsi	fini	pli	chien	carie	loi	tige
ami	débris	rubis	pourri	roi	miracle	librairie	otarie	farci	vigne
fin	fleurie	bis	averti	bâti	réussi	loti	prairie	mie	coin
bien	air	semis	oie	neige	jardin	rôti	scie	moulin	donc
paire	taillis	mis	bien	ravi	suivi	lui	vie	jolie	poulie
gris	logis	livre	matin	mari	robot	vin	mie	jeudi	folie
permis	vite	vide	singe	garni	pince	lion	libre	suite	amie
1	2	3	4	5	6	7	8	9	10

Le chemin du son [ʒ]

CE

Objectif

Respecter la valeur des lettres en fonction des voyelles placées à proximité (*s/ss, c/ç, c/qu/ge*).

En partant de A et en suivant les mots où l'on entend [j], sans sauter de cases, l'élève doit trouver la bonne sortie ; il note le chiffre sur son cahier et recopie la liste des mots qui l'ont conduit à la réponse.

				A			
fruit	proche	ange	magique	jeu	jeune	glace	18
dent	large	village	fromage	singe	joli	sorte	17
bleu	joie	courage	chocolat	coudre	cage	cahier	16
sec	esclave	mariage	grive	armée	sabre	cuivre	15
ville	borne	gifle	four	quatre	avion	forge	14
rage	fête	jus	jean	corne	vivre	figure	13
chasse	poire	jaune	usage	parole	calculer	fleuve	12
article	grue	chat	charge	gare	avion	girafe	11
rame	plonger	tige	linge	girafe	joueur	dix	10
jouet	grave	sacoche	tigre	orange	plage	légume	9
1	2	3	4	5	6	7	8

▶ **CE/CM**

20. Imitations

Objectif

Travailler l'orthographe grammaticale et lexicale par le moyen d'exemples littéraires ou sociaux.

Règle du jeu

Le jeu consiste à imiter un texte donné. Le maître le choisira en fonction des éléments orthographiques à faire acquérir. Dans ce chapitre, nous nous limiterons à donner quelques modèles permettant des imitations par les élèves.

Accords

Voici des exemples de textes à proposer aux élèves :

Pluriels	Pluriels irréguliers
Donnez-moi je vous prie *Vos ciseaux* *Vos couteaux* *Vos sabots* *Vos bateaux* *Donnez-moi tout, je vous prie* *Je rémoule et je scie.* *Donnez-moi je vous prie* *Vos cisailles* *Vos tenailles* *Vos ferrailles* *Vos canailles* *Donnez-moi je vous prie* *Vos fusils* *Vos habits* *Vos tapis* *Vos ennuis* *Je rémoule et je fuis.* Philippe Soupault, *Poèmes et poésies*, © Grasset & Fasquelle, 1977.	*Approchez-vous* *Je vends de tout* *Des choux* *Des poux* *Des loups* *Des chats* *Des bas* *Des rats* *Des pots* *Des os* *Des mots* *Besoin de rien ?* *N'en croyez rien !* *Approchez-vous* *Je vends de tout.* Claude Clément, *Dis les bruits*, Casterman, 1989.

Exemple en CM1

Les élèves en petits groupes ont recherché dans des dictionnaires de rimes des mots se rapprochant de ceux des modèles puis ont rédigé leur imitation.

Donnez-moi je vous prie *Vos tableaux* *Vos escabeaux* *Vos rabots* *Vos pinceaux* *Donnez-moi tout je vous prie* *Je bricole et je rafistole* *Donnez-moi je vous prie* *Vos volailles* *Vos ferrailles* *Vos victuailles* *Donnez-moi je vous prie* *Vos grils* *Vos manuscrits* *Vos radis* *Je bricole et je rafistole.*	*Approchez-vous je vends de tout* *Des joujoux* *Des cailloux* *Des coups* *Des soldats* *Des avocats* *Des auvergnats* *Des abricots* *Des haricots* *Des berlingots* *Besoin de rien ?* *N'en croyez rien !* *Approchez-vous* *Je vends de tout.*

Conjugaison

Objectif

Écrire sans erreur les formes des verbes étudiés aux temps étudiés, sans confondre, en particulier, les terminaisons [*-e*, *-es*, *-ent* ; *-ons* et *-ont* ; *-ez*, *-ais*, *-ait*, *-aient* ; *-ra*, *ras*].

On propose des textes pour travailler la conjugaison de verbes au présent, à l'imparfait et au futur.

<table>
<tr><th>Printemps</th><th>Il s'en passe des choses dans ma cité</th></tr>
<tr><td>Le chaume et la mousse
Verdissent le toit
La colombe y glousse,
L'hirondelle y boit.
Le bras d'un platane
Et le lierre épais
Couvrent la cabane
D'une ombre de paix.
[…]

La rosée en pluie
Brille à tout rameau.
Le rayon essuie
La poussière d'eau.
Le vent qui secoue,
Les vergers flottants,
Fait sur notre joue
Neiger le printemps.
[…]
Alphonse de Lamartine, Harmonies poétiques et religieuses, 1830.</td><td>Il s'en passe des choses dans ma cité. Il n'y a qu'à regarder.
Moi, un jour j'ai dit : j'arrête, je regarde.
J'ai posé par terre mes deux sacs. Je me suis assis.
J'ai regardé.

Les gens venaient
Les gens marchaient
Les gens passaient
Les gens tournaient
Les gens filaient
Les gens glissaient
Les gens dansaient
Les gens parlaient
Gesticulaient
Les gens criaient
Les gens riaient
Les gens pleuraient
Disparaissaient
[…]
Guy Foissy, La ville des poètes, Hachette Jeunesse.</td></tr>
</table>

Exemple

Voici un texte rédigé par un groupe d'élèves en CE2.

<table>
<tr><th>Printemps</th><th>Il s'en passe des choses dans ma cité</th></tr>
<tr><td>Le chaume et la mousse
Jaunissent le toit
La colombe y marche
L'hirondelle y mange
Le bras d'un platane
Et le lierre épais
Tapissent la cabane
D'une ombre de paix.

La rosée en pluie
Luit à tout rameau
Le rayon efface
La poussière d'eau.
Le vent qui agite,
Les vergers flottants,
Fait sur notre joue
Blanchir le printemps.</td><td>Il s'en passe des choses dans ma cité. Il n'y a qu'à regarder.
Moi, un jour j'ai dit : j'arrête, je regarde.
J'ai posé par terre mes deux sacs. Je me suis assis.
J'ai regardé.
Les gens allaient
Les gens venaient
Les gens partaient
Les gens peinaient
Les gens criaient
Les gens couraient
Les gens sautaient
Les gens hurlaient
Se bousculaient
Les gens se heurtaient
Les gens chuchotaient
Les gens discutaient
Les gens sortaient</td></tr>
</table>

▸ CE/CM

21. Familles

Objectif

Écrire sans erreur des noms et des adjectifs se terminant par une consonne muette (ex. chant, *cf.* chanteur ; blond, *cf.* blonde).

Règle du jeu

Il s'agit de retrouver le plus grand nombre de mots appartenant à une famille. Cette méthode permet de mettre en évidence les consonnes finales muettes de certains mots.

Le jeu consiste à retrouver la famille de mots ayant une consonne finale muette. L'enseignant fournit cette liste de mots et les enfants, à l'aide de dictionnaires, doivent retrouver la famille puis expliquer la finale muette.

Exemple de liste distribuée

Nom ou adjectif	famille	famille	famille	féminin	Lettre muette mise en évidence
Chan (t)	chanter	chanteur	chantonner	chanteuse	t
Blon (d)					
Cou (p)					
Den (t)					
Ran (g)					
Blan (c)					
Retar (d)					
Marchan (d)					

Première variante ▸ CE

L'enseignant donne une liste de mots dans le désordre ; il s'agit de reconstituer les familles.

Par exemple : *garer, coupe, barque, garage, embarquer, garagiste, couper, débarquer, coupure, embarcadère, découper, enfant, marchandise, rond, marchander, chanteur, rondeur, chantonner, enfantin, boutonnière, enfantillage, chant, chanter, marchand, rondelet.*

Deuxième variante

Ici, on souligne un mot de chaque famille. Les élèves doivent associer les mots de la même famille.

Exemple : ***dent*** = *dentiste*

Dent, rang, rond, blanc, point, *rondeur, ranger, dentiste, blancheur, pointer.*

Troisième variante : le jeu des initiales ▶ CM

Objectif

Orthographe lexicale.

En changeant la première lettre du mot ci-dessous, l'élève doit écrire le plus grand nombre de mots en [ɔ̃].

P	O	N	D

▶ CE/CM

22. Le carré Lescurien

Règle du jeu

Jeu imaginé par Jean Lescure (OuLiPo) et qui consiste à placer sur les 4 angles d'un carré des mots qui pourront être reliés entre eux par les côtés et par les diagonales et former des phrases complétées par des mots-outils et des verbes.
Ce dispositif peut être modifié dans une perspective orthographique en plaçant, par exemple, des substantifs ou des adjectifs au pluriel sur les côtés et un verbe à l'infinitif au centre.

Accords en nombre

Objectif

Accords sujet/verbe, accord nom/adjectif.

On place un ou plusieurs mots au pluriel ; les élèves doivent construire des phrases en respectant les accords.

roses		lumière
	bercer	
papillons		fragile

Exemples

La lumière berce les papillons fragiles.
Les roses bercent la fragile lumière.
Fragiles, les papillons sont bercés par la lumière.

Conjugaison

En partant du verbe précédé d'un des deux pronoms au centre du carré, l'élève doit écrire des phrases à l'imparfait en choisissant dans n'importe quel ordre les mots inscrits dans les coins du carré.
Il peut choisir deux, trois ou quatre mots et ajouter les mots-outils nécessaires.

ombre		arbre
	(Je, tu, il) cueillir	
feuilles		fleurs

Exemples

Je cueillais les fleurs dans l'ombre de l'arbre.
Tu cueillais sur l'arbre des fleurs et des feuilles.
Dans l'ombre il cueillait les fleurs de l'arbre…
Ici, on utilise le verbe au centre du carré avec un des deux pronoms pour composer des phrases en commençant par l'un des 4 mots situés dans les angles du carré.

montagne — nuage

(elles, ils) admirer

plante — papillons

Exemples

Sur la montagne, elles admiraient le nuage de papillons.
Près de la montagne, ils admiraient les plantes et les papillons.

Orthographe lexicale : mots invariables

▸ CE1/CE2

Objectif

Orthographier sans erreur les mots invariables les plus fréquemment rencontrés ainsi que les mots-outils appris au CP.

On peut travailler les mots-outils en proposant à la classe des phrases qui débutent par ces mêmes mots.

▸ CE2

océan — écume

voilier — vague

Mots-outils prescrits : *dans*, *entre*, *parmi*, *vers*, *sur*, *devant*, *derrière*, *sous*, *au milieu*, *pour*, *grâce à*.
Le choix des verbes est libre.

Exemples de phrases obtenues dans la classe

Dans *la vague le voilier voyage.*
Sur *l'écume de la vague le voilier volait.*
Entre *la vague et l'écume de l'océan se glisse le voilier.*
Devant *le voilier la vague fonce.*
Pour *l'écume de l'océan la vague plonge.*
Au milieu de *l'océan la vague berce le voilier.*

Sous *le voilier glissait l'écume.*
Derrière *la vague l'écume brillait.*
Parmi *les vagues l'océan dormait.*
Vers *le voilier l'écume de l'océan trottait.*

Orthographe lexicale : consonnes doubles ▸ CM2

Objectif

Écrire correctement (doublement de la consonne) le début des mots commençant par *ap-*, *ac-*, *af-*, *ef-* et *of-*.

colline		effarouché
effleuré		lune

La lune effarouchée touche la colline.
La colline et la lune s'effleurent.
La lune effleurée se cache derrière la colline.

Autre exemple

appel		papillon
rosée		apparence

La rosée a l'apparence d'un papillon.
L'apparence du papillon après la rosée.
Une apparence de rosée près du papillon.

▶ **CE/CM**

23. Commutations

Objectifs

– Accords sujet/verbe, nom/adjectif.
– Conjugaison au présent, à l'imparfait, au futur.
– Marquer l'accord entre le sujet et le verbe dans les phrases où l'ordre sujet-verbe est respecté.

Règle du jeu

Ce jeu consiste à présenter une phrase stimulus puis à proposer des commutations sur une proposition ou un groupe nominal. Pour ce qui concerne le travail sur l'orthographe, les commutations porteront sur des segments à transformer en singulier ou en pluriel ou d'autres à transformer en groupes verbaux au présent, à l'imparfait ou au futur.
Le maître distribue un document avec la phrase de départ et les transformations à effectuer.

Opposition masculin/féminin ▶ CE1

Exemple

Phrase stimulus : *Fabrice a acheté un nouveau baladeur.*
Mots proposés : *cravate (Fabrice a acheté une nouvelle cravate), manteau, maison, bicyclette.*
L'élève doit recopier les phrases avec les nouveaux mots et opérer les accords.

Opposition singulier/pluriel ▶ CM

Exemple

Phrase stimulus : *Marie a vendu son beau vélo.*
Mots proposés : *stylos (Marie a vendu ses beaux stylos), balles, chapeau, foulards.*

Relation sujet/verbe ▶ CM

Exemple

Phrase stimulus : *Julie va au cinéma.*
Mots proposés : *mes parents (mes parents vont au cinéma), nous, mon frère, vous, ma sœur, Olivier et Julie…*

Conjugaison

▶ CM

Exemple

Phrase stimulus : *Olivier prendra le train pour Paris.*
Mots proposés : *Caroline et Olivier (Caroline et Olivier prendront le train pour Paris), nous, Caroline et Sylvie, vous, je.*

Ici, on travaille l'accord du participe passé avec l'auxiliaire « avoir ». **▶ CM2**

Exemple

Phrase stimulus : *les fleurs que j'ai coupées sont fanées.*
Mots proposés : *la violette (la violette que j'ai coupée est fanée), le géranium, les plantes, les bouquets, les roses.*

▸ **CP/CE/CM**

24. Petite fabrique de phrases

Règle du jeu

L'enseignant prépare une grille de plusieurs colonnes où les groupes fonctionnels sont rangés. Les élèves doivent fabriquer un nombre fixé de phrases en partant de la colonne de gauche et en continuant vers la droite.

Cette machine permet de doser les difficultés, si bien que le jeu s'applique à un niveau CP ou CM. Pour les CP, on fournira un tableau dont on limitera le nombre de colonnes. On aura soin de placer des mots et expressions déjà rencontrés au cours de lectures. Ainsi, la classe révisera des expressions connues dans des contextes différents.

Ce jeu est un excellent intermédiaire entre la copie de phrase et la phrase produite en expression libre.

Copie guidée

▸ **CP**

Objectif

Recopier sans erreur un texte court.

On propose cet exercice à l'occasion de l'étude du thème, *Le Tour du monde en 80 jours.*

Philéas Fogg	voit	le bateau
Jules Verne	dessine	son dirigeable
Passepartout	regarde	un éléphant
	achète	la locomotive

Les élèves produisent un nombre de phrases en accord avec leurs possibilités.

Passé, présent, futur

▸ **CE**

Objectifs

– Savoir construire des phrases correctes avec une aide syntaxique et orthographique.
– Savoir accorder le temps des verbes en fonction du marqueur de temps choisi au début de la phrase.

Les élèves doivent écrire au moins trois phrases différentes et correctes : l'une au présent, l'autre à l'imparfait et la troisième au futur en partant de la colonne de gauche et en choisissant les mots qui conviennent dans les autres colonnes.

Hier	L'alpiniste	marche	dans la campagne
	le sportif	grimpait	dans la forêt
Aujourd'hui	le jeune homme	saute	sur la piste
	la sportive	trottinait	dans la montagne
Le mois prochain	Le champion	grimpe	dans le stade
	La montagnarde	marchera	dans le sable

Singulier, pluriel

▶ CE

Objectif

Appliquer la règle de l'accord du verbe avec le sujet dans les phrases où le verbe est à un temps simple.

Grâce à ce tableau, l'enfant doit écrire quatre phrases correctes (deux au singulier, deux au pluriel) en choisissant un groupe de mots dans chacune des colonnes et en partant de la gauche.

Les chats	mangent	la barque
Thomas	avale	du chocolat
L'avocat	regardent	un repas
Les rats	attrape	un nougat
Un soldat	prennent	des sardines

Masculin /féminin

▶ CE

Objectif

Accorder sans erreur le déterminant et le nom, le nom et l'adjectif (épithète).

L'élève doit écrire deux phrases au féminin singulier et deux phrases au masculin singulier en partant de la colonne de gauche et en choisissant les mots qui conviennent dans les autres colonnes.

Le	vélo	vert	brille
Cette	lumière	fine	
Ma	lampe	blanche	luit
Une	bijou	neuf	
Mon	pierre	nouvelle	éclaire

Pluriels réguliers/irréguliers

▸ CE/CM

Objectifs

– Écrire sans erreur le pluriel des noms se terminant par *s*, *x*, *z* ; par *-al*, par *-ou*.
– Écrire sans erreur le pluriel des noms se terminant par *-eu*, par *eau*. Le pluriel des noms en *-au*, en *-ail* est en cours d'acquisition.

L'enfant doit écrire deux phrases contenant un pluriel en *x* et deux phrases contenant un pluriel régulier.

Des		veaux		mangent		des	légumes
Le		papillon		survole		le	graines
Quelques		chevaux		prend		plusieurs	maison
Deux		garçon		écoutent		du	chat
Un		lapereaux		surveille		la	foin

Homophones

▸ CM

Objectifs

– Écrire sans erreur des homophones grammaticaux en liaison avec le programme de grammaire (*à/a, ont/on, est/et, sont/son*).
– Écrire sans erreur les homophones grammaticaux déjà étudiés ainsi que *ses/ces*, *mes/mais*, *on/on n'*, *ce/se*, *c'/s'* (*c'est/s'est*, *c'était/s'était*) *ou/où*, *la/là/l'a/l'as*.
– Écrire sans erreur les homophones grammaticaux déjà étudiés ainsi que *ont/on n'*, *d'on/dont/donc*, *quel(s)/quelle(s)/qu'elle(s)*, *sans/s'en*…

Exemples

Voici un exemple pour le niveau **CM1** :

C'est	hier	que Pauline	s'est	perdue
	aujourd'hui			trompée
C'était	cette semaine		s'était	promené
	avant-hier	que Nicolas		bagarré

Voici un exemple pour le niveau **CM2** :

Les élèves	m'a	égaré	mon	livre
Ton voisin	t'a	emprunté	mes	gants
Ses amis	m'ont	rendu	ma	affaires
Mon voisin	lui ont	prêté	ses	mobylette

	écoute	les artistes		de la générosité
	admire	les musiques		du goût
On	envie	ces coureurs	qui ont	du souffle
	aime	les gâteaux		du rythme
	déguste	les danses		de la légèreté

CP/CE

25. Les calligrammes

Objectif

Objectif ludique de copie, de calligraphie et d'orthographe lexicale.

Règle du jeu

On distribue un texte. Les groupes doivent le recopier sous la forme d'un calligramme[1]. Le texte doit être court et « concret », c'est-à-dire pouvoir se prêter à une interprétation iconique.

Pour le CP, on choisira des textes courts.

Jules Renard fournit bon nombre de phrases descriptives d'animaux qui peuvent convenir.

« ***Bélier :*** *le bélier la corne rabattue sur l'oreille.* »

« **Chat :** *l'ombre d'un chat a l'air d'un tigre.* »

« **Chat :** *le chat assis, la queue ramenée en crochet sous ses pattes.* »

« **Chenille :** *mes chenilles surprises se recroquevillent en toutes sortes de lettres.* »

« **Cigogne :** *même à terre la cigogne semble perchée.* »

« **Chameau :** *le chameau s'agenouille sur son cou.*[2] »

L'enseignant montre des calligrammes, les fait commenter. Ensuite, il distribue un polycopié où figurent les phrases précédentes. Il précise aux élèves qu'ils peuvent inventer leurs propres phrases ou modifier les définitions précédentes.

Les élèves font une esquisse de l'objet choisi puis ils calligraphient la phrase sélectionnée.

Le soin apporté à la copie est, semble-t-il, un gage de bonne mémorisation.

1. Selon la définition du dictionnaire Hachette, le calligramme est « un poème dont la typographie forme un dessin ».

2. Extrait de *Tout l'esprit de Jules Renard*, de Jean Delacour, Éditions Jacques Grancher, 1986.

Exemples de calligrammes obtenus

Un exemple réalisé par des élèves de niveau CE.

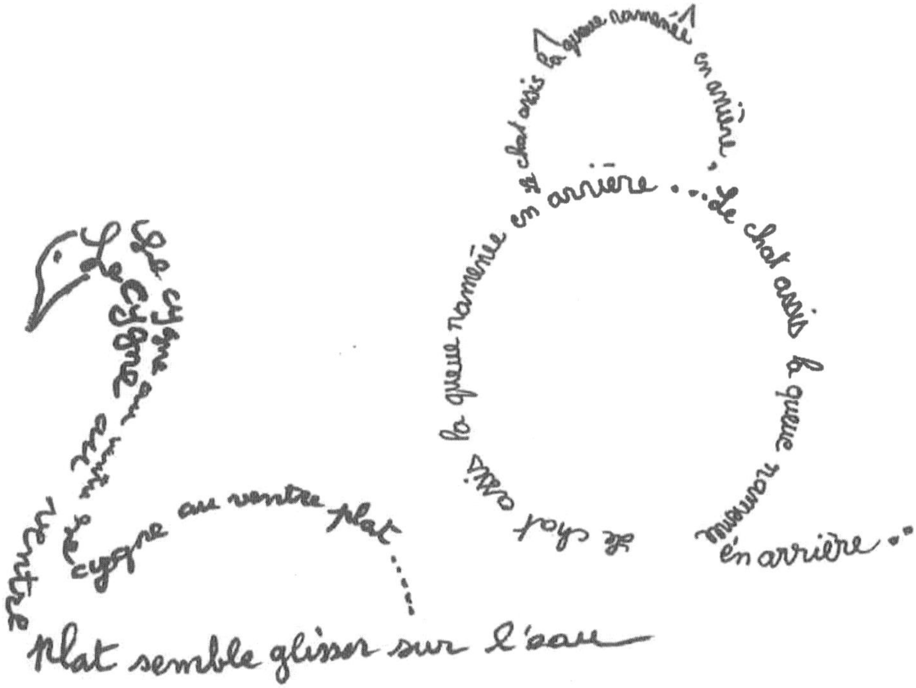

Première variante

Au lieu d'écrire une phrase, les enfants calligraphient plusieurs fois les mêmes mots. On notera l'intérêt de cet exercice en ce qui concerne l'orthographe lexicale puisque l'élève est conduit à écrire plusieurs fois le même mot mais dans une perspective artistique.

On peut aussi proposer une série d'évocations lexicales que le stimulus a pu provoquer.

Exemples en CM1

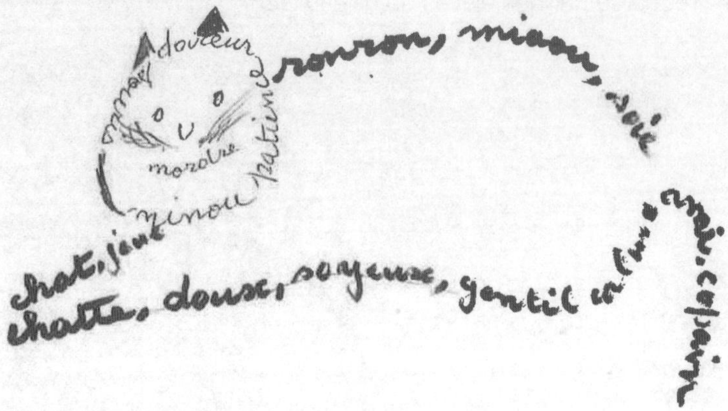

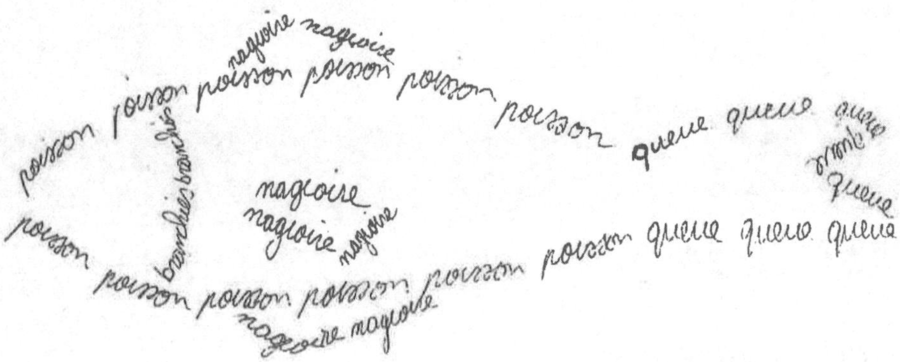

Deuxième variante : mots à imager ▸ CP/CE

Une série de mots est fournie aux groupes. Le jeu d'écrit consiste à imiter la forme de l'objet sous forme de calligramme. Une des lettres est déformée pour se rapprocher le plus possible de l'image du référent.
Pour faciliter l'exercice, on peut fournir une liste de mots inducteurs.

Exemples

clé, marteau, faucille, âne, chat, chien, cochon, vache, poule, coq, cygne, loup, serpent, escargot, hirondelle, tortue, lapin, poisson, éléphant, ballon, fleur, forêt, champignon, arbre, étoile, lune, bouteille, ruisseau, trompette, feuille, cœur, maison, éclair, stylo, vague, albatros, tulipe, saule pleureur, voiture, bicyclette, gant, crayon, oiseau, gomme, pinceau, raquette.

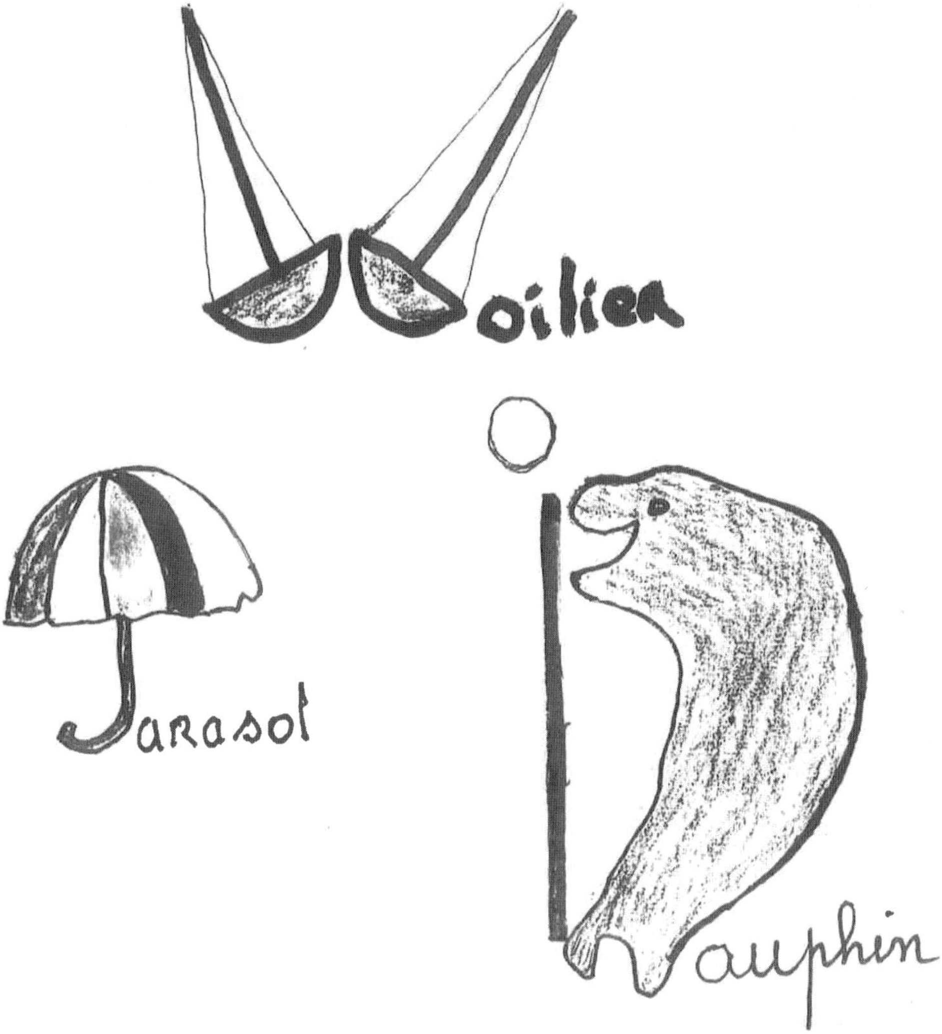
Voilier
Parasol
Dauphin

▸ De la GS au CM

26. Les abécédaires

Objectif

Ces jeux sur les abécédaires permettent de travailler la mémoire visuelle des mots, de pratiquer des séances suivies de graphisme en maternelle et en CP, et pour les classes de CE/CM de faire des recherches dans les dictionnaires, copier des listes de mots et travailler la syntaxe de manière que le texte écrit soit cohérent.

Règle du jeu

Il s'agit d'écrire soit une liste de mots dans l'ordre alphabétique souvent sur un thème donné, soit un texte dont chaque phrase commencera par une lettre de l'alphabet.

Abécédaire illustré

▸ GS

Objectif

Faire écrire régulièrement des lettres et des mots qui seront illustrés pour confectionner un abécédaire personnel.

Une fois par semaine environ, l'enseignant calligraphie en cursive sur une feuille bristol (format A4) la lettre de la semaine en grand format occupant presque tout l'espace de la page, et cela pour chaque élève. Aux quatre coins de la feuille, il écrit la même lettre en majuscule, en cursive, en script, en minuscule d'imprimerie. Dans un premier temps, le jeu consiste, pour les enfants, à remplir la grande lettre centrale par les mêmes lettres jusqu'à ce que tout l'espace soit occupé.
Dans un second temps, le maître écrit au tableau sous la dictée des élèves des mots qui commencent par cette même lettre et fait remarquer leurs particularités orthographiques. À cette occasion, un travail de phonétique peut être fait avec prononciation du mot, séparation nette des syllabes qui le composent, suppression de syllabes, inversions, repérage éventuel du son dans une autre partie du mot, correspondance grapho-phonétique, etc.
Ensuite, les enfants choisissent parmi les mots proposés un mot commun représentatif du son étudié. Les autres mots sont effacés.
Sur une seconde feuille A4, la classe recopie le mot choisi puis doit l'illustrer d'un dessin ou d'un collage. À la fin de l'année, les enfants emportent chez eux leur abécédaire écrit au fil des semaines.

Première variante : abécédaire à thème ▶ CE

Il s'agit de confectionner un abécédaire sur un thème choisi par l'enseignant ou par la classe.

Les enfants doivent rechercher dans un dictionnaire un ou plusieurs mots commençant par la lettre du jour, et cela jusqu'à la fin de l'alphabet. Ils écrivent ces mots et les illustrent par des dessins ou des collages. L'ensemble peut être relié et les élèves peuvent lire leurs listes et les comparer, questionner sur le sens et l'orthographe.

Exemple

Voici les mots choisis par un élève de CE2 pour un abécédaire portant sur les animaux :

Albatros, âne, ara, abeille.
Bartavelle, blaireau, boxer.
Canard, caniche, chacal, cheval, chamois, condor.
Daim, dogue.
Épervier, élan, éléphant.
Faon, fennec, fourmi.
Gardon, gibbon, gnou, guépard.
Hibou, hamster, héron.
Iguane, isard.
Jaguar.
Koala.
Labrador, lama, léopard, lévrier, lièvre.
Macaque, mouton, moineau.
Naja, narval.
Oie, okapi, orvet, ouistiti.
Papillon, paon, panthère, phoque.
Rat, renne.
Salamandre, saumon, setter.
Tamanoir, taureau, torpille.
Urus.
Ver, vautour.
Wapiti.
Xérus.
Yack.
Zébu, zèbre.

Deuxième variante : texte abécédaire ◗ CM

Objectifs

– Écrire un texte cohérent.
– Obéir à des contraintes formelles, comme pour la poésie qui suit, où les vers commencent tous par un nom commun, suivi de *tu* + verbe à la 2e personne du singulier de l'indicatif.
– Savoir conjuguer des verbes différents à la 2e personne du présent de l'indicatif.

Les élèves écrivent un texte ou une poésie en suivant pour chaque début de phrase l'ordre de l'alphabet.

Le maître demande aux élèves de sélectionner des mots sur le thème de la mer par ordre alphabétique.

Il explique ensuite la forme syntaxique des vers qui vont composer la poésie, ici : nom commun + *tu* + verbe au présent de l'indicatif.

La classe est divisée en petits groupes de trois ou de quatre élèves qui doivent composer un vers portant sur un mot qui leur a été attribué.

Les phrases sont lues, éventuellement remaniées puis assemblées pour former la poésie de la classe.

Exemple

Voici une poésie écrite par une classe de CM2 :

«*Affluent, tu rejoins ton but sans jamais t'arrêter*
Bateau, tu vogues sur les eaux limpides et paisibles
Coquillage, tu échoues sur la plage
Delta, tu te termines en V sur la plaine
Écrevisse, tu glisses sur les beaux rivages
Fleuve, tu pleures tes eaux fraîches et claires
Goutte, tu t'égouttes dans la gouttière
Hippocampe, tu te réjouis la nuit
Iceberg, tu fonds peu à peu laissant place à l'océan
Jeu d'eau, tu nous fais faire du sport même dans l'eau
Kayak, tu vogues doucement au gré du courant
Lac, tu es une immense flaque et nous jouons dans ton bleu clair
Mer, tu as tous les bleus que l'on veut
Nuage, tu décores le ciel de ta fumée épaisse
Océan, tu es le frère de la mer
Poisson, tu te méfies et fais le désespoir de pêcheurs
Quai, tu accueilles les bateaux les bras ouverts
Rivage, tu nages ramenant avec toi les souvenirs de là-bas
Seine, tu es le cœur de Paris

Torrent, les saumons remontent ton courant
Udométrique, tu gardes l'eau de pluie
Vague, tu viens de loin pour venir mourir ici
Water-polo, tu nous fais jouer dans notre élément préféré
Xiphophore, tu te lasses et te prélasses dans l'eau
Yacht, tu es superbe, les vagues viennent claquer sur ta coque
Zodiac, tu es le plus rapide des bateaux. »
(École de contes, 06)

Les textes abécédaires en prose sont complexes et longs à produire ; aussi, pour mettre ce jeu à la portée d'un CM, est-il judicieux de préparer sur des morceaux de papier pliés des listes alphabétiques limitées. Par exemple on notera « a, b, c, d » ou « m, n, o, p » pour obtenir par tirage au sort des textes de quatre lignes ou encore « r, s, t, u, v » ou « n, o, p, q, r » pour cinq lignes.
Ainsi l'enseignant peut moduler le niveau de difficultés en jouant sur la longueur des textes à produire.

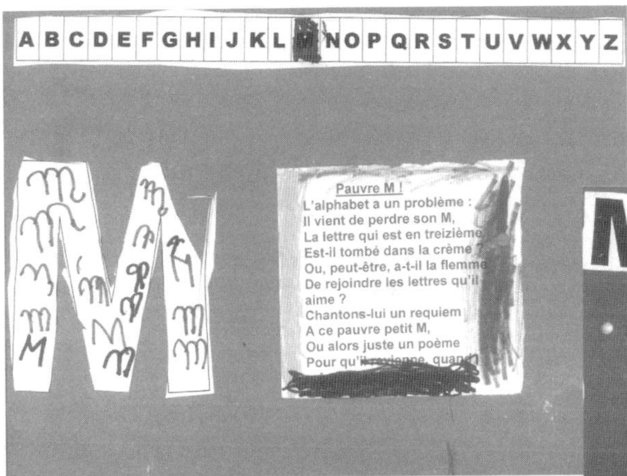

Une production d'élève en GS, de l'école Marcel-Cachin (94), classe d'Olivier Martin.

2.

Cinq minutes d'orthographe

sommaire

CP/CE/CM

27. Le jeu du Boggle

Règle du jeu

Le Boggle se présente sous la forme de 16 cases dans lesquelles 16 dés peuvent se placer. Sur les 6 faces des dés sont inscrites des lettres.

Le jeu consiste à écrire le plus grand nombre de mots de plus de 2 lettres en 3 minutes en passant d'une case à une autre mitoyenne.

Pour mettre ce jeu à la portée des enfants et concentrer ses objectifs sur l'orthographe, on réduira le nombre de cases à 9 ; de plus, au lieu d'utiliser des dés, le maître inscrira lui-même au tableau les lettres pour chaque case. S'il désire des mots au pluriel, il placera un « s » ou un « x ».

S'il désire des verbes à l'imparfait, il mettra « a », « i », « t » et « s » ; pour des verbes au futur : « r », « a », « s », « t », etc.

Pluriels

CE1

M	A	L
E	S	I
N	R	P

Avec cette grille, des enfants de CE1 ont produit en 3 minutes : *mal*, *lames*, *lame*, *lires*, *lire*, *prés*, *pires*, *pire*, *sali*, *salis*, *salir*.

Pluriels irréguliers

CM1

F	E	J
U	X	D
T	O	R

Des élèves de CM1 ont trouvé les mots ci-dessous en 3 minutes : *feu*, *feux*, *dot*, *doux*, *roue*, *roux*, *fut*, *toux*, *rot*, *jeu*, *jeux*.

Futur

CM2

A	R	E
S	I	L
N	T	D

Des élèves de CM2 ont inscrit les mots ci-dessous en 3 minutes : *dire*, *dira*, *diras*, *dirai*, *dirais*, *lire*, *lira*, *lirai*, *lirait*, *lirais*, *tira*, *tiras*, *tirai*, *tirais*, *tirait*, *lire*, *aire*, *aile*, *asile*, *rit*, *ris*, *sire*, *rein*.

Doublement de la consonne ▶ CM1

R	A	P
C	E	P
L	C	S

Des élèves d'une classe de CM1 ont écrit les mots suivants en 3 minutes :
appel, *appelé*, *appelés*, *ces*, *les*, *accès*, *acre*, *rappel*, *rappelé*, *rappelés*, *cap*, *cape*, *paré*, *parés*, *père*, *pères*.

Valeur des lettres ▶ CE2

P	O	R
R	S	Ç
S	E	U

Un groupe d'élèves de CE2 a inscrit les mots ci-dessous en 3 minutes :
pore, *pores*, *rose*, *roses*, *rosse*, *rosses*, *reçu*, *reçue*, *reçues*, *prose*, *prés*, *pressé*, *osé*, *oses*, *oser*.

Des tableaux analogues peuvent être construits pour réviser une liste de mots invariables ou pour réviser des mots récemment appris.

▶ **CE/CM**

28. Les petits mots dans les grands

Règle du jeu

Il s'agit d'une variante du Boggle : ici, les lettres ne sont pas tirées au sort mais contenues dans un mot long. Il s'agit toujours d'écrire le plus grand nombre de mots de plus de 3 lettres en 2 minutes.

Pour parvenir à un jeu orthographique, le maître devra choisir des mots appropriés et susceptibles d'induire une liste au pluriel par exemple, ou une liste de mots avec des consonnes doubles ou encore des mots se référant à une règle décrite dans les programmes.

Pluriels irréguliers

▶ **CM**

Exemple

1.

M	E	L	O	D	I	E	U	X

Mots trouvés par la classe en 2 minutes :

eux, ode, lieu, lieux, moi, deux, dieu, dieux, mou, doux, loué, mieux, oie, loi.

2.

F	L	A	M	B	E	A	U	X

Mots trouvés par une classe de CM2 avec recherche de certains mots dans le dictionnaire :

âme, mal, beau, beaux, maux, lambeaux, faux, eau, eaux, bal, bleu, baux.

▶ CE/CM

29. Le mot le plus long

Règle du jeu

Neuf lettres tirées au sort sont inscrites sur une ligne de 9 cases.

Il s'agit d'écrire le mot le plus long en l'espace de 2 minutes. L'ordre des lettres peut être bouleversé pour reconstituer le mot.

Pour mettre ce jeu à la portée d'une classe de l'école élémentaire et concentrer cette activité sur des objectifs orthographiques, on inscrira certaines lettres de manière à induire des paradigmes d'orthographe lexicale ou grammaticale.

Pour susciter des mots au pluriel, on ajoutera un « x » et un « s », pour des conjugaisons à l'imparfait « a », « i », « s », ou « iras » pour le futur.

Pour des mots doublant la consonne, on placera « pp » ou « acc ».

Exemples

1. Si l'on veut rappeler un substantif faisant exception à la règle des mots se terminant par « -tié », on pourra placer les lettres suivantes sur la ligne :

A	I	R	M	G	T	L	E	I

Le mot le plus long est : *amitié*.

2. Pour la règle des verbes commençant par « ap- » :

P	R	E	P	R	D	E	N	A

Le mot le plus long est : *apprendre*.

CP/CE/CM

30. Le jeu de Kim

Objectif

Ce jeu fait travailler le sens de l'observation, la mémoire, et facilite l'apprentissage de mots nouveaux d'une manière ludique.

Règle du jeu

Une collection d'objets ou de mots est placée sous les yeux des enfants pendant une dizaine de secondes. Puis l'enseignant enlève un objet ou un mot du dispositif pendant que les élèves ont le dos tourné. Il rappelle les élèves et ceux-ci doivent trouver quel est le mot ou l'objet qui a disparu.

Le maître se référera à la liste de fréquence pour que son enseignement soit plus efficace. Grâce à ce jeu on évitera l'aspect fastidieux de l'apprentissage d'une orthographe lexicale.

L'adaptation de ce jeu à des pratiques orthographiques est simple : il suffit d'écrire au tableau, devant les élèves, une liste de mots non ordonnés, de leur demander ensuite de se retourner, puis d'effacer un ou deux mots que les élèves devront réécrire.

On pourra jouer sur l'apprentissage de mots-outils, de mots dont la consonne double, de mots dont la consonne finale est muette et, à chaque fois, donner une explication.

Première variante

Après avoir inscrit une constellation de mots au tableau, l'enseignant, au lieu d'en effacer un ou deux, les remplacera par deux autres.

Deuxième variante

Dans le but d'affiner le sens de l'observation et la discrimination visuelle, on pourra inscrire des mots proches par leur signifiant graphique et les remplacer par d'autres de même allure.

Par exemple, on pourra inscrire les mots suivants :

toujours, jours, toutefois, atout, ajouré, ajouter, journal, journaliste.

On remplacera «*toujours*» par «*bonjour*».

Et on fera de même pour «*ajouter*» remplacé par le mot «*ajourner*».

Troisième variante

Au lieu de remplacer des mots, le maître les conservera tous mais changera la place de certains ; les élèves devront retrouver ceux qui ont changé de place.

Du CP au CM

31. Jeu de l'oie

Objectif

Toutes les questions d'orthographe à tous les niveaux peuvent être posées, que ce soit des questions sur l'orthographe lexicale (mots invariables, doublement des consonnes, consonnes finales muettes), les homophones, les mots accentués, l'orthographe grammaticale (avec les pluriels, les noms et adjectifs au féminin, les accords des participes passés avec les auxiliaires *être* et *avoir*...) et, enfin, les conjugaisons.

Règle du jeu

Cette règle est simplifiée par rapport au jeu classique.

Au tableau, le maître dessine un chemin sinueux d'une trentaine de cases environ (voir ci-dessous). Les cases sont numérotées de 1 à 35 (arrivée). La classe est divisée en plusieurs équipes de 2 ou de 3 joueurs. Pour avancer, le groupe doit lancer un dé; s'il tombe sur une case autre qu'un multiple de 5, il continue; sinon, les élèves doivent répondre oralement à une question d'orthographe. Les membres du groupe ont 1 minute pour se concerter avant de donner leur réponse. S'ils se trompent, ils laissent leur tour à un autre groupe.

Un paquet de cartes avec des questions diverses sur l'orthographe lexicale ou grammaticale a été préparé par les élèves; les réponses sont inscrites en lettres en italique au bas de la carte.

Un exemple de carte

départ							
1		27	26	25	24	23	22
2		28					21
3		29					20
4		30					19
5		31			arrivée		18
6		32	33	34	35		17
7							16
8	9	10	11	12	13	14	15

Questions d'orthographe lexicale préparées par la classe

Mots invariables

Parmi ces mots-outils invariables, corrige ceux qui ne sont pas bien orthographiés : *parmis, dans, toujours, néammoins, malgrè, ainsi, aussi, par ce que, pourquoi.*

Réponses : *parmi, néanmoins, malgré, parce que.*

Lettres finales muettes

Parmi ces mots, corrige ceux qui ne sont pas bien orthographiés : *long, court, ven, ron, den, flot, ran, blond, cam, sang, lou, mont, pein.*

Réponses : *vent, rond, dent, rang, camp, loup, peint.*

Consonnes doubles

Parmi ces mots, corrige ceux qui ne sont pas bien orthographiés : *maisonette, consonne, tere, pomme, accent, aprendre, appeler, aplaudir, accacia, appui.*

Réponses : *maisonnette, terre, apprendre, applaudir, acacia.*

Homophones

Complète les cinq phrases suivantes :

Kevin va … (a, à) la pêche.

Il y … une sonnette … l'entrée.

On écoute les musiques qui … du rythme.

Les pneus de mon vélo … à plat.

La neige … tombée en abondance cette nuit … ce matin.

Règles

Complète les dix mots suivants :

no…bre	*ra…ger*	*gro…der*	*to…ber*	*ti…bre*
cha…p	*mo…de*	*pi…ce*	*e…tasser*	*co…te*

Conjugaison

Réponds aux cinq questions suivantes :

– Quelle est la 3e personne du pluriel du verbe *dire* à l'imparfait de l'indicatif ?

– Quelle est la 2e personne du singulier du verbe *aller* au futur ?

– Quelle est la 1re personne du pluriel du verbe *être* au présent de l'indicatif ?

– Quelle est la 3e personne du singulier du verbe *faire* à l'imparfait de l'indicatif ?

– Quelle est la 3e personne du pluriel du verbe *pouvoir* au présent de l'indicatif ?

Pluriels

Parmi les mots suivants, corrige les erreurs : *des pous, quelques jeux, les plantes, mes chevaus, certains cadeau, des manteaux.*

Participes passés

Complète les cinq phrases suivantes :

– Les fleurs sont ...... (*fanée, fanées, fané*).

– Mon école est ...... (*joli, jolis, jolie*).

– Les glaces que tu m'as ...... (*offert, offerte, offertes*) sont délicieuses.

– Tu m'as ...... (*donné, données, donnée*) des pastilles.

◗ CP/CE

32. Anagrammes

Objectifs

– Manipuler par écrit des mots, des lettres ou des syllabes de manière à mieux mémoriser des mots ou des relations phonèmes-graphèmes.
– Écrire sans erreur, de manière autonome, des mots simples en respectant les correspondances entre lettres et sons.

Règle du jeu

Une anagramme est « *la transposition de lettres qui, d'un mot ou d'une phrase, fait un autre mot ou une autre phrase* ».
On écrit au tableau une liste de mots se prêtant à des anagrammes faciles puis on demande aux élèves de produire le plus grand nombre d'anagrammes possibles en 2 minutes, par exemple.

Exemples

On retient des mots courts par souci de facilité. La liste est écrite au tableau ; les élèves ont 3 minutes pour trouver le plus grand nombre d'anagrammes.

1. **◗ Niveau fin CP**

Liste des mots	Anagrammes à trouver
SON	NOS
TIR	TRI
SOIR	ROIS
LES	SEL
UN	NU

2. **◗ Niveau CM**

Liste des mots	Anagrammes à trouver
AIGLE	GELAI
AVAL	LAVA
GARE	RAGE
RARE	ERRA
RIVE	VIRE

▶ CP/CE

33. Moins une

Objectifs

– Écrire sans erreur, de manière autonome, des mots simples en respectant les correspondances entre lettres et sons.
– Orthographier sans erreur les mots invariables les plus fréquemment rencontrés ainsi que les mots-outils appris au CP.

Règle du jeu

Le jeu consiste à former des mots nouveaux en partant d'un mot et en lui enlevant une lettre.
Le maître écrit une liste de mots au tableau et explique qu'en **enlevant une lettre à chacun des mots**, on formera un mot nouveau. Il laissera environ 3 minutes aux élèves pour trouver le plus grand nombre de mots possible.

1. ▶ CP

On choisira des mots courts pour rendre l'exercice plus facile pour ce niveau scolaire.

Mots écrits	Nouveaux mots
FILE	FIL
BRAS	BAS
SOIN	SON
JEU	JE

2. ▶ CE2

Mots écrits	Nouveaux mots
DANSE	DANS
VERSÉ	VERS
POINT	PONT
CHANT	CHAT
FREIN	RIEN

Travail sur les mots-outils

Ce jeu peut se pratiquer avec des élèves de CP, CE1 ou CE2 à condition de limiter le nombre de mots selon le niveau.

Mots écrits	**Nouveaux mots**
PUITS	PUIS
DANSE	DANS
VERTS	VERS
TONDU	DONT
VANTAS	AVANT
MAINS	MAIS
EMPIRA	PARMI
DESSOUS	DESSUS

▶ CE

34. Lettres mobiles

Objectif

Écrire sans erreur, de manière autonome, des mots simples en respectant les correspondances entre lettres et sons.

Règle du jeu

L'enseignant écrit un mot au tableau ; le jeu consiste à écrire en 3 minutes le plus grand nombre possible de mots en changeant une seule lettre de celui qui précède. Le choix doit se faire en fonction du niveau de la classe.

Exemple de grille réalisée par un groupe d'élèves de CP

BAVE (mot proposé)
CAVE
LAVE
LAME
DAME

Exemple de grille réalisée par un groupe d'élèves de CE

RAIE (mot proposé)
BAIE
PAIE
PALE
PILE
PIRE
RIRE
RARE
MARE
MALE
SALE
SOLE
SOIE
SOIF

▶ **CP/CE1**

35. Les mots liés

Objectif

- Savoir repérer le début et la fin des mots.
- Repérer les morphèmes grammaticaux du pluriel, du féminin. Repérer les mots-outils ainsi que les mots invariables.
- Écrire sans erreur, de manière autonome, des mots simples en respectant les correspondances entre lettres et sons. (CP)
- Orthographier sans erreur les mots invariables les plus fréquemment rencontrés ainsi que les mots-outils appris au CP.

Règle du jeu

L'enseignant écrit une phrase au tableau ; les mots composant cette phrase sont tous attachés. Le jeu consiste à recopier la phrase en détachant les mots correctement.

Exemple

PierreetEmilieregardentlespoissonsrougesdanslebocal.

Variantes

▶ **CE1**

On peut travailler uniquement sur des mots isolés, par exemple des mots-outils à séparer, des pluriels, des féminins, etc.

Mots-outils

Exemple

Toujourssouventparmitrèsavantaprèsalorsensuitedans

Pluriels

Exemple

lesenfantsmesparentscesroutesquelquesjouetsplusieurspoupées

Il convient de varier les déterminants pluriels afin d'entraîner les élèves à les repérer visuellement et phonétiquement car c'est eux, dans une dictée, qui préviennent phonétiquement de la présence d'un mot ou d'un groupe au pluriel.

Objectif

Écrire sans erreur les pluriels des noms se terminant par *s*, *x*, *z* ; par *-al*, par *-ou*.

Pluriels irréguliers

Exemple

Desamirauxleschevauxmesjournauxcesbijouxcertainsjoujouxlescailloux

Féminins

Exemple

Uneamielachattelalouveuneinstitutricemabouchèrecettedanseuselacollégienne

▶ **CE/CM**

36. Jeu des initiales et des finales

Objectifs

Ce jeu peut induire un entraînement orthographique sur le lexique, les accords ou la conjugaison.
- Orthographier sans erreur les formes conjuguées apprises.
- Utiliser sans erreur les marques du pluriel et du féminin des adjectifs.
- Écrire sans erreur des noms et des adjectifs se terminant par une consonne muette (ex. chant, *cf.* chanteur ; blond, *cf.* blonde…).
- S'appuyer sur sa connaissance des familles de mot pour écrire sans erreur des mots nouveaux (préfixe *in-*, *im-*, *il-*, ou *ir-*, suffixe *-tion*…).
- Écrire correctement la syllabe finale des noms terminés par *-ée*, par *-té* ou par *tié* ; par un *e* muet.

Règle du jeu

L'enseignant inscrit au tableau un groupe de lettres initiales ou finales.
Le jeu consiste à écrire le plus grand nombre de mots débutant par ce groupe de lettres en 2 minutes, par exemple.

Initiales

Le maître inscrit « ef » au tableau. Les élèves ont 3 minutes pour écrire le plus grand nombre possible de mots qui commencent par ces 2 lettres.
Liste des mots trouvés par un groupe d'élèves de CE2 :
effort, efficace, effroyable, effacer, effarer, effet, effiler, effleurer, effriter.
Avec cette liste ou une autre du même type, l'enseignant pourra faire travailler les groupes sur l'élaboration d'une règle.

Familles

Le maître inscrit le préfixe « im » au tableau ; les élèves ont 3 minutes pour rechercher le plus grand nombre de mots.
Liste des mots trouvés par un groupe d'élèves de CM1 :
immobile, immobiliser, immense, image, imiter, imitation, immeuble, immortel, impair, immigrant, impératif.

Finales

Le maître inscrit la finale « -eur » au tableau ; les élèves doivent écrire le plus grand nombre de mots en 3 minutes.

Liste des mots trouvés par un groupe d'élèves de CE2 :
facteur, docteur, masseur, mineur, moniteur, instituteur, lecteur, visiteur, moteur, trotteur, classeur, dessinateur, sœur, ascenseur, bâtisseur.

Pluriels

L'enseignant inscrit « eux » au tableau ; les élèves doivent rechercher le plus grand nombre de mots se terminant par « eux ».
Liste des mots trouvés par un groupe d'élèves de CM1 :
neveux, ceux, rocheux, cheveux, jeux, pieux, dieux.

Conjugaison

Le maître écrit une terminaison de la conjugaison ; les élèves doivent écrire le plus grand nombre de verbes conjugués qui peuvent se terminer par cette syllabe.

1. Avec « -ions », un groupe de CM2 a trouvé les verbes suivants :
nous arrivions, nous partions, nous marchions, nous parlions, nous jetions, nous prenions, nous allions, nous disions, nous faisions, nous pouvions, nous voulions.

2. Avec « -ez », un groupe de CM2 a recensé les verbes suivants à différents temps :
vous prenez, vous preniez, vous alliez, vous allez, vous irez, vous direz, vous disiez, vous venez, vous viendrez, vous veniez, vous voudrez, vous vouliez.

▶ **CP/CE**

37. Classements

Objectifs

– Connaître la notion d'homonyme et écrire sans erreur un nombre croissant d'homonymes jusqu'à la fin du cycle. (CE2)
– Écrire sans erreur les homophones grammaticaux déjà étudiés, ainsi que *ses/ces, c'était/s'était, ou/où, la/l'a, l'as/là.* (CM1)
– Écrire sans erreur les homophones grammaticaux déjà étudiés, ainsi que *on/on n', d'on/dont/ donc, quel(s)/quelle(s)/qu'elle(s), sans/s'en…* (CM2)

Règle du jeu

À partir d'un texte ou d'une phrase, on demande aux élèves de classer des mots selon des critères formels divers : ordre alphabétique, du mot le plus long au plus court, les mots comportant des lettres doubles, mots accentués, ceux qui commencent par la même syllabe ou qui se prononcent de la même manière, etc.
Le maître écrit au tableau une liste de mots, de phrases ou un texte support, en principe un texte que les élèves ont déjà lu. Pour l'exploiter sous l'angle orthographique, il pose un certain nombre de questions auxquelles les enfants répondront en quelques minutes.

Lettres finales muettes ▶ Fin CP/CE1

En observant la fin des mots ci-dessous, le groupe doit compléter chaque colonne en 5 minutes avec les mots suivants :
le dos, l'escargot, le repos, trop, un sot, un lot, le tricot, le galop, un enclos, le paquebot, un rabot, le grelot, gros, le pot, un mot, le sirop.

-ot	-os	-op

Homophones ▶ CE2

L'élève doit repérer dans des phrases données des paires de mots qui se prononcent [e] [ɔ̃] ou [sɔ̃], puis mettre la phrase à l'imparfait et souligner les verbes en 5 minutes environ.
Cette pêche est moelleuse et sucrée.
On aime les gâteaux qui ont du goût.
Nicolas et son frère Olivier sont toujours ensemble.
Avec son voisin, ils ne se sont pas vus depuis trois jours.

Cette voiture est belle et confortable.
On admire ces coureurs qui ont du souffle.

Règle des mots se terminant par « té » ▸ CM2

Parmi les mots ci-dessous, l'élève doit faire en 5 minutes environ une première liste des noms féminins en « té » qui ne prennent pas de « e » au féminin et les classer par ordre alphabétique, puis établir une seconde liste avec les noms en *té* qui prennent un *e* au féminin :
La pauvreté, la liberté, une montée, la charité, une dictée, la rapidité, sa méchanceté, une portée, une assiettée, cette clarté, l'égalité, la fraternité, la pâtée, la bonté, la jetée, une invitée.

Conjugaison ▸ CE1

Les groupes doivent classer en 3 minutes les phrases ci-dessous selon les personnes de la conjugaison en commençant par la 1re personne du singulier et en terminant par la 3e personne du pluriel en 5 minutes environ.
Elles allaient au cinéma
Je dessinais des animaux
Vous étiez perdus
Tu contais des histoires
Nous effacions ce mot
Elle avait des vêtements neufs

Masculin, féminin, pluriel ▸ CE2

Les élèves doivent classer les adjectifs qualificatifs de la liste suivante selon qu'ils sont au masculin, au féminin ou au pluriel en 3 minutes environ :
grande, premier, beau, verts, vieille, noir, rouges, blanche, cher, courtes, longue, pleine, bas, gros, heureuse, fortes, profonde, français, froids, lents.

Adjectifs au masculin singulier	Adjectifs au féminin singulier	Adjectifs au pluriel

Pluriels en « s », en « x » ▸ CM

À l'aide du tableau ci-dessous, l'élève doit classer tous les noms communs du texte qui suit :

s au pluriel	*x* au pluriel	Identiques au singulier et au pluriel

Texte proposé

Mes chers compatriotes, mes chers amis, je suis là pour réaliser vos souhaits. On va pouvoir vivre dans la paix et la bonne humeur. C'est un paradis tout le temps dans ce pays. Le caïman reste tranquillement dans sa mare sans faire plus de remous. Les oiseaux ne sont pas effrayés. Chaque animal ressemble à un petit chevreau.

◗ **CE/CM1**

38. Mots en désordre

Objectif

Repérer des indices formels (majuscule, point, virgule), des morphèmes d'accords (relation sujet/verbe, accord déterminant/nom/adjectif), des indices concernant la syntaxe et le sens pour rétablir l'ordre des mots dans une phrase.

Règle du jeu

L'enseignant écrit au tableau une phrase dont les mots ont été mélangés. Le but est de reconstituer la phrase correcte en 2 minutes.

1. ◗ **CP**

On insistera sur les indices formels de ponctuation, par exemple :

petit noir joue balle. avec Le chat une

→ *Le petit chat noir joue avec une balle.*

2. ◗ **CE**

sept bûcheron et Il bûcheronne était qui garçons. un avaient une fois une

→ *Il était une fois un bûcheron et une bûcheronne qui avaient sept garçons.*

3. ◗ **CM**

bon Si sentent comestibles, sont je on me les champignons dit ne crois le pas. qui que

→ *Si on me dit que les champignons qui sentent bon sont comestibles, je ne le crois pas.*

▶ CP/CE

39. Les derniers seront les premiers

Objectif

Centrer l'attention des enfants sur la première et la dernière lettre d'une suite de mots.

Règle du jeu

Le maître inscrit un mot au tableau. Les élèves ont 2 minutes pour accrocher d'autres mots en utilisant la dernière lettre du mot qui précède, et ainsi de suite.

1. Exemple d'une suite trouvée par un groupe d'enfants de CP fin d'année en 2 minutes :
RATABLETREMUNESONOTE

2. Exemple d'une suite trouvée par des élèves de CM en 2 minutes sur le thème « mots au féminin ».
FRAGILELÉGANTEFFRAYÉEMUETONNÉEFFÉMINÉEFFACÉE

3. Exemple d'une suite trouvée par des élèves de CM2 en 2 minutes sur le thème « les pluriels réguliers ».
TABLESENSIBLESÛRSIGNESENTIMENTSEMÉSOUSOBRESERPENTSECOURSAUTSALÉS.

▶ CP/CE

40. L'intrus

Objectif

Ce jeu peut faire travailler le gréement des mots, l'attention visuelle, la liste des mots les plus fréquents.

Règle du jeu

Le maître écrit une liste de mots au tableau ; ces mots ont des points communs sauf un ou deux. Le but est de retrouver le ou les intrus et d'expliquer l'anomalie.

1. ▶ CP

L'enseignant écrit deux ou trois mots au tableau ; parmi ces mots, deux sont connus par les élèves, le troisième non. Le jeu consiste à copier les deux mots connus.

2. ▶ CE

Le maître écrit 3 phrases au tableau ; 2 sont semblables et correctes du point de vue de l'orthographe, la troisième diffère par une erreur orthographique ; le jeu consiste à repérer l'intruse et à la recopier.

Exemples

Les groupes doivent repérer la phrase intruse dans laquelle des accords sont fautifs. Ils ont 3 minutes pour recopier la phrase correcte.

- *La secrétaire va chercher les lettres, les trie, les enregistre puis les distribue dans tous les bureaux.*
- *La secrétaire va chercher les lettres, les trient, les enregistrent puis les distribuent dans tous les bureaux.*
- *La secrétaire va chercher le courrier, le trie, l'enregistre puis le distribue dans tous les bureaux.*

3. ▶ CM

Ici, on propose un travail sur les accents et la ponctuation.

L'élève doit recopier la phrase où manquent les accents et la ponctuation après l'avoir corrigée.

- *Les femelles pressees les unes contre les autres moins hautes que les males et plus rondes et plus claires marchaient en tete suivies de leurs elephanteaux.*
- *Les femelles, pressées les unes contre les autres, moins hautes que les mâles, et plus rondes et plus claires, marchaient en tête, suivies de leurs éléphanteaux.*

▶ CM

41. Phrases fendues

Objectifs

- Accorder des syntagmes nominaux avec des syntagmes verbaux.
- Repérer les signes du pluriel dans l'une et l'autre moitié.
- Lire et comprendre.
- Appliquer la règle de l'accord du participe passé avec *être* et *avoir* (cas du complément d'objet direct posé après le verbe). (CM1).
- Appliquer la règle de l'accord du verbe avec le sujet (y compris pronom personnel) dans les phrases où l'ordre sujet-verbe est respecté et où le verbe est à un temps simple. (CE2)

Règle du jeu

Des demi-phrases sont inscrites sur le côté gauche du tableau et d'autres demi-phrases qui complètent les précédentes sont écrites sur le côté droit dans le désordre. Les élèves ont 3 minutes pour les reconstituer.

Liste de phrases données en CP (fin d'année)

Les groupes ont 3 minutes pour reconstituer ces phrases et les recopier.

Benoît et Sophie	aboie.
Le chien Pipo	picore dans l'herbe.
Christophe	font des dessins.
La poule rousse	va à l'école.

Liste de phrases données en CE1

Les groupes ont 3 minutes pour reconstituer les phrases correctes et les recopier.

Le lapin	irez chez le dentiste demain.
Tous les arbres	déracine les jeunes arbres.
Le vent violent	m'a prêté des livres.
Le bibliothécaire	ont perdu leurs feuilles.
Les éléphants sauvages	se cache dans son terrier.
Vous	marchent dans la savane.

Liste de phrases données en CE2 sur les pluriels

Les groupes ont 5 minutes pour reconstituer ces phrases et les recopier.

Les feux de forêt	sont enterrés dans le sable.
Les journaux	brillent dans la vitrine.
En automne,	se passent dans la cour de récréation.
Deux chevaux	sont imprimés.
Des pieux	vont bientôt s'éteindre.
Ses cheveux	trottent dans le pré.
Ces bijoux	les feuilles tombent des arbres.
Ces jeux	font un épi.

Liste de phrases données en CM sur l'accord du participe passé

Les groupes ont 3 minutes pour reconstituer ces phrases et les recopier.

A l'arrivée en gare	ont passé de bonnes vacances.
La campagne	ont fini de piailler.
Les tartes	était cachée sous la neige.
Les tempêtes	a été livrée ce matin.
Notre machine à laver	nous étions attendus.
Les pies	il nous a abrités
Les violettes	sont réussies
Malgré la pluie	que nous avons cueillies embaument la pièce.
Sylvie et Flora	ont grossi la rivière.

CP/CE

42. Phrases à choix multiples

Objectif

Réviser rapidement des notions orthographiques de tout ordre vues précédemment.

Règle du jeu

L'enseignant écrit une phrase au tableau. Lorsque des difficultés de tout ordre se présentent, il donne le choix entre deux solutions : une bonne et une mauvaise. Le nombre de réponses sur une seule phrase peut être variable selon les niveaux : une ou deux pour les CP/CE, deux ou trois pour les CM.
Les élèves réécrivent au brouillon la phrase qu'ils jugent correcte.
L'exercice est rapide, corrigé immédiatement. En outre, les difficultés sont insérées dans une phrase complète.

Exemples

1. En CP

	glisse	
Le bateau		sur l'eau.
	glise	

2. En CE

	a		crayons rouges.
Pierre		trois	
	à		crayons rouge.

3. En CM

	recu		pneus		commandés	
Le garagiste a		les		qu'il avait		il y a trois jours.
	reçu		pneux		commandé	

3.

Les dictées

sommaire

▶ **CP/CE/CM**

43. La dictée traditionnelle

Pendant longtemps, la dictée dite « traditionnelle » a été le pivot de l'enseignement de l'orthographe. Les instructions officielles des années 1950 préconisaient une dictée tous les deux jours environ.

Depuis 1985, on note l'importance de l'orthographe, mais la dictée n'est plus qu'un outil parmi d'autres qu'il convient d'utiliser sous toutes ses formes.

D'autant plus que des études comparées ont montré que la dictée traditionnelle n'a, à elle seule, aucune influence sur les progrès faits en orthographe. Il faut surtout savoir qu'on n'enseigne que très peu l'orthographe au moment de la dictée.

La dictée sous la forme classique n'est pas un moyen d'acquisition de l'orthographe ; en effet, par les difficultés qu'elle sous-tend, elle place l'élève en quasi situation d'échec puisque aucun moyen de les résoudre ne leur est fourni ni accordé.

De plus, sous la dictée de l'enseignant l'élève doit, d'une part, suivre un rythme d'écriture qui n'est pas le sien et, d'autre part, transcrire une pensée et un style éloignés de ses propres habitudes.

La dictée traditionnelle reste cependant un moyen de contrôle à condition que le maître l'ait composée ou, comme nous le verrons plus tard, qu'elle ait été modifiée selon un objectif particulier.

De ce qui précède, il s'ensuit que d'autres moyens doivent être mis en œuvre.

Ces moyens privilégieront un climat pédagogique positif et détendu, voire ludique.

Par ailleurs, l'enseignant devra constamment varier à tous les niveaux afin de ne pas lasser les enfants, de toujours les tenir en éveil.

Enfin, l'utilisation de la dictée (comme de tous les jeux qui précèdent) doit permettre une pédagogie de la réussite. Cette pédagogie de la réussite prendra appui sur les erreurs des élèves qui seront exploitées pour bâtir une progression individualisée de l'acquisition de l'orthographe ; elle devrait se réaliser grâce à une évaluation formatrice, intelligente et mesurée.

CP/CE/CM

44. Dictée traditionnelle retouchée

Règle du jeu

La dictée traditionnelle retouchée consiste à sélectionner un texte d'auteur et à en effacer certaines difficultés.

L'enseignant peut aussi effacer des difficultés mais en ajouter. Celles-ci seront ciblées en fonction du programme d'orthographe vu précédemment.

La dictée traditionnelle retouchée présente l'avantage de proposer un texte littéraire tout en le transformant en exercice de contrôle ciblé.

Par rapport à un texte spécialement conçu par le maître, le texte littéraire a le mérite de posséder une dimension esthétique et lacunaire.

Si l'enseignant construit une dictée retouchée, il devra l'indiquer en précisant : «*d'après un texte de …* ».

Exemple de dictée retouchée en CM2

1. Première version

Objectif

Simplification du texte tout en gardant les difficultés qui portent sur les finales en [é] ou en [è].

Texte de départ	Texte retouché et simplifié
Le grand brocard *L'animal sortit d'un seul coup de la forêt et se tint dans la bande d'ombre des derniers arbres, la tête levée, s'assurant une dernière fois qu'il avait évité tout danger, puis il allongea le cou vers l'herbe et marcha vers le milieu de la clairière. C'était le grand brocard. Philippe s'était baissé sur place, avec une lenteur infinie. Il ne voyait plus au-dessus du taillis qu'une tache de soleil dans laquelle le chevreuil broutait, tranquille, secouant de temps en temps ses longues oreilles, si proche que Philippe entendait le bruit de l'herbe arrachée. La lumière précise du matin faisait briller son pelage humide et ses bois d'une hauteur étrange, aux pointes blanches et aiguisées comme des lames ; il relevait parfois la tête et examinait la forêt, sans cesser de mâcher des brins de myrtille qui pendaient à sa bouche.* Pierre Moinot, *La chasse royale*, © Gallimard, 1953.	***Le grand brocard*** *L'animal sortit d'un seul coup de la forêt, la tête levée, s'assurant qu'il avait évité tout danger puis il allongea le cou vers l'herbe et marcha vers la clairière. C'était le grand brocard. Philippe s'était baissé sur place avec une lenteur infinie. Il ne voyait plus qu'une tache de soleil dans laquelle l'animal broutait, si proche que Philippe entendait le bruit de l'herbe arrachée. La lumière précise du matin faisait briller son pelage humide et ses bois aux pointes blanches et aiguisées comme des lames ; il relevait parfois la tête et examinait la forêt sans cesser de mâcher des brins de myrtille qui pendaient à sa bouche.* D'après un texte de Pierre Moinot.

Les mots soulignés sont écrits au tableau.
Les groupes surlignés sont supprimés.

2. Deuxième version : dictée de contrôle retouchée

Objectif

Simplification et ajouts de difficultés portant sur les points suivants : les finales en « é » ou en « è ».
Les accords déterminant/nom, nom/adjectif, sujet/verbe.

Le grand brocard

L'animal sortit d'un seul coup de la forêt, les cornes levées, s'assurant qu'il avait évité tous les dangers puis il allongea le cou vers l'herbe et marcha vers la clairière. C'était le grand brocard. Philippe s'était baissé sur place avec une lenteur infinie. Il ne voyait plus que des taches de soleil dans lesquelles l'animal broutait, si proche que Philippe entendait le bruit des herbes arrachées.
La lumière précise du matin faisait briller ses poils humides et ses bois aux pointes blanches et aiguisées comme des lames ; il relevait parfois la tête et examinait la forêt sans cesser de mâcher des brins de myrtille qui pendaient à sa bouche.

D'après un texte de Pierre Moinot.

À partir de la dictée simplifiée, on a ajouté quelques difficultés portant essentiellement sur les accords.
Subsistent les finales en [é] ou en [è].
Les groupes en italique ont été ajoutés ou modifiés.

▶ CE/CM

45. Dictée dirigée

Objectif

La dictée dirigée a l'avantage de signaler les moments importants de l'écriture et de mettre en place des réflexes qui, à la longue, se retrouveront dans la rédaction de textes spontanés.

Règle du jeu

Il s'agit de sélectionner une dictée du niveau souhaité sans ajouts ni suppressions. Au lieu de dicter d'une manière traditionnelle sans aucun commentaire, l'enseignant s'arrête pour signaler des difficultés, questionner sur le sens de certaines expressions.

Exemple (CM2)

Ma mère

Ma mère était de taille moyenne. Ses maternités l'avaient légèrement alourdie sans lui retirer sa grâce. Sensible à la poésie des choses, son visage s'empreignait d'une douceur mélancolique. Ses yeux d'un marron velouté qu'une myopie prononcée adoucissait encore vous caressaient. Elle ne portait pas de lunettes, elle rapprochait très près de ses yeux l'ouvrage qu'elle cousait ou le livre qu'elle lisait.
Elle était la bonté même. Tous ceux qui l'approchaient ne pouvaient que l'estimer ou l'aimer.
Je ne l'ai jamais entendue médire de quiconque…

Édouard Bled, *Mes écoles*, Robert Laffont, 1977.

Commentaires

Voici les commentaires qui peuvent être faits pour attirer l'attention des élèves sur des difficultés d'ordre général, ce qui signifie que l'orthographe lexicale sera laissée de côté.

Ma mère

Ma mère était de taille moyenne. Ses maternités **(À quoi entend-on qu'il s'agit d'un pluriel : « maternité » ou « ses » ?**[1]**)** *l'avaient* **(Qui est-ce qui l'avaient alourdie ?**[2]**)** *légèrement alourdie* **(Qui est-ce qui est alourdie ?**[3]**)** *sans lui retirer* **(Si l'on**

1. La dictée est la « traduction » écrite d'un texte lu oralement ; les marques du pluriel sont moins nombreuses à l'oral qu'à l'écrit ; il faut donc que l'attention des élèves soit sollicitée au bon moment, c'est-à-dire le plus souvent sur les déterminants pluriels (ici, sur le possessif *ses*).
2. Ici, le maître insiste sur la relation sujet/verbe.
3. Accord nom commun-adjectif.

remplace *retirer* par *finir,* entend-on le *r* de *finir* ?[1]**)** *sa grâce. Sensible à la poésie des choses* **(Qu'est-ce qui nous dit que *choses* est au pluriel?)**, *son visage s'empreignait d'une douceur mélancolique. Ses yeux d'un marron velouté qu'une myopie prononcée* **(Qui est-ce qui est *prononcée*?)** *adoucissait encore vous caressaient* **(Qui est-ce qui caresse?)**. *Elle ne portait pas de lunettes* **(Une lunette ou des lunettes?**[2]**)**, *elle rapprochait très près de ses yeux l'ouvrage qu'elle cousait ou le livre qu'elle lisait.*
Elle était la bonté **(Règle des mots terminés par té?**[3]**)** *même. Tous ceux qui l'approchaient* **(Qui l'approchaient?)** *ne pouvaient* **(Qui ne pouvaient?)** *que l'estimer ou l'aimer* **(Si on remplace *estimer* et *aimer* par *finir*, entend-on le *r* de *finir*?)**. *Je ne l'ai jamais entendue* **(ai est le verbe *avoir* ou *être*? Qui a entendu? Est-ce que *le* qui remplace *mère* est placé avant ou après *entendu*?**[4]**)** *médire de quiconque…*

On remarque que les commentaires portent presque tous sur les accords afin de hiérarchiser les difficultés et montrer qu'il ne faut pas focaliser l'attention sur l'orthographe lexicale puisque, plus tard, les dictionnaires donneront la réponse.

1. Le maître fournit un moyen simple de repérer l'infinitif d'un verbe de 1er groupe ; il utilise un verbe du second groupe dont l'infinitif se perçoit oralement. Il fait remarquer que l'on entend le *r* de *finir*, donc que *retirer* doit finir par un *r*.
2. Le maître fait remarquer qu'avec l'aide de la préposition, on peut deviner que *lunettes* est au pluriel.
3. L'enseignant rappelle simplement la règle connue sur les mots se terminant par *té*.
4. Rappel des trois étapes indispensables à l'accord du participe passé conjugué avec l'auxiliaire *avoir* : a) repérer l'auxiliaire, b) repérer le COD, c) localiser le COD avant ou après le participe passé.

▶ CP/CE/CM

46. Dictée à longueur variable

Dans une classe où chaque enfant est différent, on ne peut pas donner les mêmes contraintes à tous. Pour pallier ces difficultés, on peut proposer un texte à longueur variable.

Objectif

Adopter une pédagogie différenciée pour une classe hétérogène.

Règle du jeu

L'enseignant commence à dicter un texte commun pour tous, puis, à un certain moment, il arrête un groupe d'enfants et leur conseille de relire et de réfléchir sur le texte. Plus tard, il fait de même avec un second groupe, et ainsi de suite jusqu'à la fin.

Le problème qui se pose ici est la composition des groupes ; en effet, si toujours les mêmes élèves sont arrêtés avant les autres, le risque encouru est que les enfants du groupe arrêté en premier soient perçus comme faibles en orthographe. Il faudra donc varier les types de dictées et encourager les élèves à progresser pour qu'ils puissent changer de groupe.

Une seconde difficulté se pose : c'est celle de la notation. En effet, si ces dictées sont évaluées, comment justifier des notes portant sur des textes qui diffèrent par leur longueur ?

Il faudra donc que ces types de dictées ne fassent pas l'objet d'une évaluation chiffrée mais simplement verbale.

▶ **CE/CM**

47. Dictée préparée

Objectifs

- Acquérir une méthode de réflexion.
- Mémoriser.
- Savoir hiérarchiser.

Règle du jeu

La dictée préparée est un texte sur lequel l'enseignant fait avec les élèves un travail d'analyse et de méthodologie.

Pour cela, il faut hiérarchiser les types d'erreurs. Par exemple, commencer par commenter les accords en ne disant pas un mot des autres catégories d'erreurs. Puis passer aux verbes conjugués. Pendant les premières dictées préparées, on ne dira rien des erreurs d'orthographe lexicale pour bien montrer que l'essentiel ne réside pas dans leur commentaire. En effet, on remarque souvent que les enfants se posent plus de questions sur « *Comment on écrit tel mot ?* » plutôt que « *Comment on accorde ?* » ou « *Comment on conjugue ?* ».

Exemple

Voici un exemple de préparation d'un texte avec une classe de CM.

Été

Aussitôt après la pluie, le coup de vent avait transformé la température. (1) Les nuages partis, le ciel avait repris toute sa pureté. En moins de (2) quarante-huit heures, l'air était devenu sec, cassant, le vent était tombé, et la chaleur avait éclaté violemment dans la sécheresse du ciel.
Après (3) tant de jours gris, maussades, l'été brûlait enfin (4) les flancs de la campagne ; et, brisant le sol, sous l'ardeur de sa flamme, il en tirait (5) de grandes colonnes d'air chaud qui sentaient la fournaise. Quand la brise ne souffle pas, (6) la chaleur et son odeur fauve s'accumulent en lourdes masses et restent immobiles.

Henri Bosco, *Le Mas Théotime*, 1945.

Les groupes au pluriel

1. « *Les nuages partis* »

- À quoi entend-on qu'il s'agit d'un pluriel ?
  → Au mot « les ».
- Pourquoi un « s » à nuages ?
  → Parce qu'il y en a plusieurs.

– Pourquoi un « s » à partis ?
→ « Les nuages sont partis », c'est comme « Les nuages sont noirs ».

2. *« Quarante-huit heures »*
– À quoi entend-on qu'il s'agit d'un groupe au pluriel ?
→ Parce qu'on dit « quarante-huit ».

3. *« Tant de jours gris, maussades »*
– À quoi entend-on qu'il s'agit d'un pluriel ?
→ « Tant de », ça veut dire beaucoup.
– Comment sont les jours ?
→ Maussades et gris
– Donc maussades et gris sont au pluriel, pourquoi ?
→ Parce que ce sont les jours qui sont gris et puis maussades.

4. *« Les flancs de la campagne »*
– À quoi entend-on qu'il s'agit d'un pluriel ?
→ À « les ».
– Donc ?
→ On met un « s » à flancs parce qu'il y en a beaucoup.

5. *« de grandes colonnes d'air chaud qui sentaient la fournaise »*
– À quoi entend-on qu'il s'agit d'un pluriel ?
→ « De », ça veut dire « des ».
– Donc…
→ On met un « s » à colonnes.
– Comment sont ces colonnes ?
→ Elles sont grandes, donc « s » à grandes.
– Qui est-ce qui sentait la fournaise ?
→ Les grandes colonnes d'air.
– Dans la conjugaison, par quoi pourrait-on remplacer ce groupe ?
→ Par elles : elles sentaient la fournaise avec « ent » à la fin de « sentaient ».

6. *« la chaleur et son odeur fauve s'accumulent en lourdes masses et restent immobiles »*
– Dans la conjugaison, à la place de « la chaleur et son odeur fauve » qu'est-ce qu'on pourrait dire ?
→ Elles.
– Elles s'accumulent ; que faut-il à la fin ?
→ « ent ».
Comment sait-on que « lourdes masses » est au pluriel ?
→ Parce qu'au singulier, on dirait « une lourde masse ».

- Ou bien ?
  → On peut dire « des lourdes masses ».
- Qu'est-ce qui reste immobile ?
  → La chaleur et son odeur.
- Dans la conjugaison, par quoi peut-on remplacer « la chaleur et son odeur » ?
  → Par « elles » : elles restent avec « nt » à la fin.

Ce travail systématique favorise, à la longue, la mise en place de réflexes orthographiques : l'enfant pourra alors se consacrer plus tard à d'autres difficultés scripturales.

La conjugaison

1. *« Avait transformé »*

Les élèves recherchent dans un livre de conjugaison, sur le modèle du verbe « chanter », le temps de ce verbe ; c'est le plus-que-parfait.
- « Le coup de vent avait transformé. »
- Dans la conjugaison, par quoi peut-on remplacer « le coup de vent » ?
  → Par « il », donc « avait ».

Même travail pour les autres formes du plus-que-parfait : « avait repris », « était devenu », « était tombé », « avait éclaté ».

2. *« Brûlait »*

Un élève rappelle que « brûlait » est à l'imparfait et que l'expression « l'été brûlait » peut être remplacée dans la conjugaison par « elle brûlait ».
Le même travail est entrepris sur les autres verbes à l'imparfait (ils tiraient, elles sentaient).

3. *« Souffle »*

Un élève rappelle qu'il s'agit d'un présent, que « la brise souffle » est l'équivalent de « elle souffle » dans le tableau de conjugaison.

Le même travail s'effectue sur (elles) « s'accumulent » et (elles) « restent ».

CP/CE

48. Dictée à trous et dictée à notation positive

Objectifs

– Focaliser l'attention sur des difficultés particulières.
– Ne plus être débordé par le rythme imposé.
– Pouvoir obtenir des notes positives.

Règle du jeu

La dictée à trous présente l'avantage de cibler les points que l'enseignant désire tester.

Cela consiste à laisser un espace qui occulte un ou plusieurs mots, et cela à plusieurs reprises au cours de la dictée.

Une fois ce travail réalisé, il n'a plus qu'à distribuer la dictée ainsi préparée puis à dicter l'ensemble du texte. Les élèves doivent réécrire le (ou les mots) manquants à leurs places respectives.

Une fois la dictée finie, le maître pourra comptabiliser facilement les items réussis par rapport à l'ensemble et donc proposer des exercices de remédiation.

Exemple niveau CE

Thème testé : la conjugaison des verbes.

• **Texte complet**

Poil de Carotte, par le long corridor noir, s'avance, les bras tendus vers la porte.
Il trouve le verrou et le tire avec fracas, mais il n'ouvre pas la porte.
Autrefois il s'exposait, sortait dehors, et sifflant, chantant, tapant du pied, il s'efforçait d'effrayer l'ennemi.
Aujourd'hui il triche.

Jules Renard, *Poil de Carotte*, 1894.

• **Texte distribué**

Poil de Carotte, par le long corridor noir, ..., les bras .... vers la porte.
Il .... le verrou et le .... avec fracas, mais il n'.......... pas la porte.
Autrefois il ...., ... dehors, et sifflant, ... , tapant du pied, il s'............ .... l'ennemi.
Aujourd'hui il ....

La notation positive consistera à attribuer des points à chaque verbe manquant bien restitué.

Première variante

L'enseignant dicte un texte et focalise l'attention des élèves sur des groupes de mots qu'il fait souligner. Une fois la dictée terminée, il informe les élèves des points attribués à ces segments ; les élèves peuvent noter leur indice au crayon. Seules les portions soulignées seront prises en compte pour la notation.

L'enseignant laisse du temps pour relire et réfléchir sur les segments pondérés.

Le total des points attribués doit évidemment être facile à comptabiliser (sur 10 ou sur 20, par exemple).

Avec ce système, les enfants n'ont pratiquement jamais « 0 », surtout si le maître prend soin d'attribuer des points à des segments relativement faciles à orthographier.

Deuxième variante

▸ **CP/CE1**

La dictée doit avoir un nombre multiple de cinq mots : soit 50 mots, soit 100 mots. Pour les classes de CP/CE, il est conseillé 50 mots.

L'enseignant délimite systématiquement tous les 5 mots des groupes qui, une fois le texte dicté, seront matérialisés par des traits verticaux.

Si le texte comporte 50 mots, il y aura donc 10 segments de 5 mots.

Chaque groupe vaut 2 points, soit au total 20 points.

Chaque segment sans erreur fera ainsi gagner 2 points à l'élève.

Ainsi, dans ce cas, la notation sera très vraisemblablement positive et encouragera l'élève à progresser et à mieux faire d'un texte à l'autre.

▶ CE/CM

49. Dictée à corriger, dictée à correction différée

Objectifs

– Focaliser l'attention sur des types de difficultés.
– Savoir gérer son temps.

Dictée à corriger

L'enseignant distribue un texte plus long qu'une dictée qu'il aurait donnée d'habitude. Dans cette dictée, il a volontairement laissé des erreurs que les élèves doivent corriger. Ils doivent effectuer ce travail en un temps limité.

Variante

L'enseignant peut ne pas dire combien le texte comporte d'erreurs. Mais il peut aussi dire combien d'erreurs comporte la dictée. Il est possible également d'indiquer le nombre d'erreurs par ligne.
Enfin, l'enseignant peut également indiquer de quelle nature sont les erreurs : pluriels, féminins, conjugaison des verbes, finales en « é », etc.
Dans ce cas également, la notation peut être positive puisque les élèves trouveront bien quelques erreurs à corriger.
Avec ce procédé, il serait possible également de sanctionner les erreurs ajoutées ; néanmoins, cela n'est pas conseillé car certains élèves risquent de voir leur note approcher le zéro et même être négative.

Dictée à correction différée

Une dictée de quelque nature que ce soit est donnée aux élèves. Il leur est conseillé d'écrire au crayon pour des corrections futures.
L'enseignant ramasse les textes.
Puis, le lendemain ou quelques jours plus tard, il distribue le texte de la dictée sans les copies des élèves.
Le maître laisse la classe commenter et incite à faire des remarques. Les enfants peuvent demander des explications, rechercher dans les ouvrages de conjugaison ou d'orthographe.

Plus tard, soit le jour même, soit plusieurs jours après, l'enseignant redistribue les copies aux enfants; ces copies n'ont pas été corrigées.
Pour cette seconde séance, la consigne est donnée de corriger tout ce qui peut être corrigé mais sans aucun outil à disposition.
Ce n'est qu'après toutes ces étapes que les copies seront corrigées, après la disparition d'une grande partie des erreurs.
Le grand avantage de cette pratique est de motiver la classe à être attentive aux corrections. Les élèves se consacrent uniquement à l'élimination des erreurs puisque la dictée a déjà été écrite.
La motivation provient aussi du fait que ce n'est que la seconde version de la dictée qui sera notée. D'où une plus grande efficacité des corrections.

▶ CE/CM

50. Autodictées

Objectifs

– Mémorisation.
– Acquisition d'une méthode orthographique.

Règle du jeu

L'autodictée, qui consiste à faire apprendre un texte par cœur puis à demander à la classe, le lendemain, de le restituer, n'apporte qu'un avantage, c'est d'exercer la mémoire visuelle.

Cependant, l'exercice peut être rendu bien plus efficace s'il succède à une préparation du type « dictée préparée ».

Dans ce cas, les difficultés ont été signalées et la méthode mise en place. L'enfant n'a plus qu'à réfléchir et à procéder par déduction. C'est donc un très bon exercice de mise en place de tous les réflexes devant des embûches orthographiques.

L'autodictée de phrases

L'autodictée de phrases est un exercice encore plus formateur. D'abord, l'enseignant peut travailler sur de petites unités et adapter le texte au niveau de la classe et même des élèves. Ensuite, il peut centrer le travail sur un point particulier comme celui qui est présenté ci-dessous. Enfin, ces supports permettent une répétition des exemples sans interférence avec d'autres problèmes.

Exemples

1. Travail sur les infinitifs

– Mieux vaut prévenir que guérir.
– Tu vas écouter en classe.
– Nous allons terminer avant la nuit.
– Je vais préparer mes valises.

2. Travail sur le futur

– À force de travail vous réussirez.
– S'il fait beau, je prendrai le bus.
– La semaine prochaine, j'irai à la campagne.
– Demain, je ferai mes devoirs.

3. Travail sur les homophones

– Ces remèdes sont dangereux.
– Le pâtissier surveille ses petits pains.
– Ces jouets sont bien rangés.
– Sophie peigne ses cheveux.

CE/CM

51. Dictée documentée

Objectifs

- Rendre les élèves autonomes.
- Respecter leur rythme.
- Apprendre à apprendre.

Règle du jeu

Il s'agit d'une dictée qui permet aux élèves de consulter des documents : dictionnaires, livres d'orthographe, livres de grammaire, etc.

L'enseignant dicte le texte qu'il a choisi, sans commentaire. Ensuite, il donne 15 minutes aux élèves pour utiliser toutes sortes d'ouvrages leur permettant de corriger un certain nombre d'erreurs mais pas toutes.

En effet, le temps imparti doit être limité afin que les élèves fassent des choix.

L'expérience montre, qu'au début, les enfants se précipitent sur les dictionnaires pour vérifier l'orthographe lexicale d'un mot et consultent rarement des livrets pour vérifier des règles ou des conjugaisons.

Si l'enseignant, grâce à l'application d'un barème classique sanctionnant les erreurs, montre l'intérêt de corriger essentiellement l'orthographe grammaticale, il mettra en place des comportements efficaces devant la relecture de textes libres, par exemple.

Dictée de phrases

La dictée de phrases va permettre précisément la mise en place d'une certaine vigilance vis-à-vis de l'écrit.

En effet, après avoir dicté une phrase isolée, le maître laissera environ 3 minutes pour une ou deux corrections ; les élèves seront obligés de choisir le domaine à corriger et, avec l'aide du maître, ils apprendront petit à petit à hiérarchiser.

L'enseignant pourra également imposer la correction au début, et dire, par exemple : « Je veux que l'on corrige tout ce qui concerne les verbes. »

Ainsi guidés, les élèves verront quels sont les domaines orthographiques à privilégier.

CE/CM

52. Dictée individualisée

Objectifs

Rythme d'écriture individualisé.
Moment d'écriture orthographique librement choisi par l'enfant.

Règle du jeu

Pour ce type de dictée, l'enseignant a besoin de quatre ou cinq magnétophones.
Il prépare une dictée du niveau de sa classe. Puis, au lieu de dicter le texte aux enfants, il l'enregistre sur quatre ou cinq magnétophones.
En classe, il informe les élèves qu'ils ont la journée entière, par exemple (ou la semaine), pour écrire le texte dicté par l'enregistrement.
Les élèves vont s'isoler en BCD ou au fond de la classe le temps qu'il faut pour transcrire la dictée. Ils remettent leur feuille de retour en classe et c'est à un autre groupe de s'absenter.
L'avantage d'un tel dispositif est le respect du rythme de l'enfant.
En effet, celui-ci peut arrêter le magnétophone quand il le veut, autant de fois qu'il le désire, et faire répéter plusieurs fois de suite sans que la machine ne s'énerve.
Ainsi, l'appareil respecte le rythme, les besoins et la personnalité de l'enfant.

CP/CE1

53. Les dictées copiées

Objectif

- Cet exercice a le mérite de focaliser l'attention des élèves sur des oppositions sonores pertinentes et des indices visuels fins.
- De plus, il est un bon intermédiaire entre la dictée proprement dite et la copie puisque les élèves doivent suivre le rythme de l'enseignant.
- Il est très utile pour des classes telles que le CP et le CE1.

La phrase dictée et copiée

On distribue un texte sur lequel figurent plusieurs phrases. Celles-ci se ressemblent au niveau formel : certains mots sont les mêmes ; d'autres différents par une lettre ; des verbes sont synonymes ; les mêmes déterminants précèdent la plupart des noms du texte, etc.

Le maître dicte une des phrases et les élèves doivent la copier sur leur cahier.

Exemple CP

- *Olivier a une copie à terminer ce matin.*
- *Olivier a une copie à achever ce matin.*
- *Olivier a une copie à terminer cette matinée.*
- *Olivier a sa copie à terminer ce matin.*

La copie dictée

À l'occasion d'un résumé d'histoire, de géographie ou de tout autre texte à copier, l'enseignant va procéder à une dictée du texte.

Les enfants ont leur résumé sous les yeux mais le maître dicte phrase après phrase comme pour un texte classique.

Ce procédé a le mérite d'imposer un rythme à la classe et d'empêcher les élèves de trop traîner en copiant.

De plus, c'est un excellent exercice d'entraînement à la dictée classique. Ce procédé est donc fortement conseillé pour des classes de jeunes enfants qui n'ont pas encore l'habitude d'écrire sous la dictée en l'absence de support.

▶ CM

54. Dictée d'un extrait

Objectif

Écrire sans erreur sous la dictée un texte d'une dizaine de lignes en mobilisant les connaissances acquises.

Règle du jeu

Un écrit long est donné à lire à la classe. L'enseignant fait les remarques sémantiques qui s'imposent.

Puis il donne le texte à préparer à la maison en informant les élèves que le lendemain ils feront une dictée sur un passage inconnu d'eux.

L'enseignant extrait un passage et en fait une dictée classique.

L'avantage de ce procédé est triple :

- D'abord, les élèves connaissent le texte pour l'avoir lu plusieurs fois, par exemple à haute voix et silencieusement.
- Ensuite, il a été expliqué et donc la classe ne rencontre pas de mots nouveaux susceptibles de troubler certains enfants.
- Enfin, le texte long a été préparé et par conséquent d'autres mots ont été appris, d'autres difficultés ont été vues, ce qui accroît d'autant l'efficacité de l'assimilation orthographique.

CM

55. Dictée renouvelée

Objectif

- Ce type de dispositif présente l'avantage de revenir plusieurs fois sur les difficultés, qu'elles soient d'ordre grammatical ou lexical.
- Ce n'est pas simplement un contrôle, mais un réel apprentissage qui se développe dans le temps.
- Il permet en outre une progression et une continuité dans l'apprentissage.

Règle du jeu

Il s'agit d'une dictée qui évolue dans le temps et qui peut être exploitée sur un ou deux mois.

L'enseignant dicte deux ou trois phrases d'un texte selon le niveau. La correction se fait ensuite.

Puis, quelques jours plus tard, le maître ou la maîtresse dicte un résumé en une phrase environ des lignes précédemment corrigées.

Il ou elle refait de même les fois suivantes.

Exemple de dictée à variations en CM

- **Texte sélectionné**

Le vagabond

Depuis quarante jours, il marchait, cherchant partout du travail. Il avait quitté son pays, Ville-d'Avray, dans la Manche, parce que l'ouvrage manquait. Compagnon charpentier, âgé de vingt-sept ans, bon sujet, vaillant, il était resté pendant deux mois à la charge de sa famille, lui, le fils aîné, n'ayant plus qu'à croiser ses bras vigoureux, dans le chômage général. Le pain devint rare dans la maison…
Alors il s'était informé à la mairie ; et le secrétaire avait répondu qu'on trouvait à s'occuper dans le Centre.

Il était donc parti, muni de papiers et de certificats, avec sept francs en poche et portant sur l'épaule, dans un mouchoir bleu attaché au bout de son bâton, une paire de souliers de rechange, une culotte et une chemise.

Et il avait marché sans repos pendant les jours et les nuits, par les interminables routes, sous le soleil et sous les pluies, sans arriver jamais à ce pays mystérieux où les ouvriers trouvent de l'ouvrage.

Guy de Maupassant, *Le Vagabond*, in « Contes et Nouvelles ».

Les mots « compagnon charpentier » et « certificats » seront expliqués et écrits au tableau.

• 1re dictée

Le vagabond

Depuis quarante jours, il marchait, cherchant partout du travail. Il avait quitté son pays, Ville-d'Avray, dans la Manche, parce que l'ouvrage manquait. Compagnon charpentier, âgé de vingt-sept ans, bon sujet, vaillant, il était resté pendant deux mois à la charge de sa famille, lui, le fils aîné, n'ayant plus qu'à croiser ses bras vigoureux, dans le chômage général.

• 2e dictée

Le vagabond

Depuis quarante jours, il marchait, cherchant partout du travail. Il avait quitté son pays. Compagnon charpentier, il était resté pendant deux mois à la charge de sa famille, dans le chômage général.
Le pain devint rare dans la maison… Alors il s'était informé à la mairie ; et le secrétaire avait répondu qu'on trouvait à s'occuper dans le Centre.

• 3e dictée

Le vagabond

Depuis quarante jours, il marchait, cherchant partout du travail. Il avait quitté son pays. Le pain devint rare dans la maison… Alors il s'était informé à la mairie ; et le secrétaire avait répondu qu'on trouvait à s'occuper dans le Centre. Il était donc parti, muni de papiers et de certificats, avec sept francs en poche et portant sur l'épaule, dans un mouchoir bleu attaché au bout de son bâton, une paire de souliers de rechange, une culotte et une chemise.

• 4e dictée

Le vagabond

Depuis quarante jours, il marchait, cherchant partout du travail. Il était donc parti, muni de papiers et de certificats, avec sept francs en poche et portant sur l'épaule, une paire de souliers de rechange, une culotte et une chemise.
Et il avait marché sans repos pendant les jours et les nuits, par les interminables routes, sous le soleil et sous les pluies, sans arriver jamais à ce pays mystérieux où les ouvriers trouvent de l'ouvrage.

▶ CP

56. Dictée de mots

Objectif

– Cet exercice fait travailler les discriminations sonores et visuelles.
– Il renforce le dictionnaire mental puisque les mots sont appris et lus.
– Il joue sur les sons proches et lutte contre les erreurs de type dyslexique.
– Il est également très utile en ce qui concerne l'expression orale des jeunes élèves.

Pour accroître son efficacité, on peut faire prononcer ces mots par les enfants ; ils seront aidés par les illustrations.

Règle du jeu

Le maître ou la maîtresse distribue le document ci-dessous ou un autre support avec des cartons sur lesquels seront inscrites les paires de mots accompagnées d'un dessin pour chacune d'elles.

Le document associe chaque fois deux mots en opposition diacritique (c'est-à-dire une opposition de critères sonores qui font basculer le sens). Il ou elle choisit, autant que possible, des mots connus par les élèves.

L'enseignant prononce un mot et les élèves doivent désigner celui qui correspond. Pour cela, il dit dans quelle colonne se trouve le mot en désignant son numéro (1 ou 2).

Exemple

Colonne 1		Colonne 2	
poule		boule	
rabot		radeau	
château		chaton	
toit		doigt	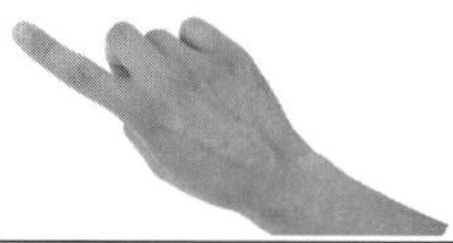

tasse 	tache 
bar 	bal 
champ 	chat 
tube 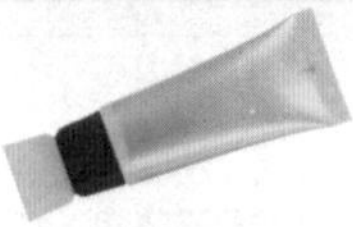	cube 
mage 	nage 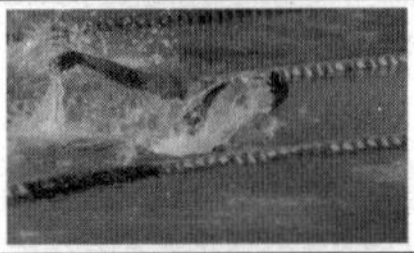
quatre 4	cadre 
classe 	glace 
fer 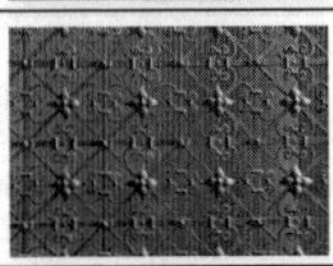	verre 
rang 	rond 
case 	cage 

CM2

57. Dictée composée par les élèves

Objectifs

- Rendre les élèves responsables de leurs acquisitions.
- Habituer les groupes à travailler à plusieurs.
- Savoir choisir et argumenter.
- Savoir écouter les propositions faites par d'autres.

Règle du jeu

L'enseignant partage la classe en groupes de trois ou de quatre enfants. Il explique que les élèves auront à construire une dictée de quelques lignes, puis une fois terminée, ils devront la dicter à tour de rôle au reste de la classe.

Enfin, ils auront à organiser la correction collective.

La semaine d'après, un autre groupe aura la charge d'une autre dictée.

Pour aboutir à ce résultat les groupes auront du matériel à leur disposition : des dictionnaires, des tableaux de conjugaison, des livres d'orthographe et de grammaire.

Un texte long pourra être distribué dans lequel les élèves prélèveront un extrait qui sera différent d'un groupe à l'autre.

Pour la correction, les groupes devront souligner les passages difficiles et préparer des explications avec l'appui des règles, des tableaux de conjugaison, etc.

La correction sera faite devant la classe et non individuellement. Les groupes répondront aux questions de la classe.

Il revient à l'enseignant de décider des corrections ultérieures.

▸ **CM**

58. Dictées jour après jour

Il s'agit d'une dictée qui s'étale sur la semaine.

Le premier jour, l'enseignant dicte un quart du texte. La correction a lieu immédiatement.

Le deuxième jour, il dicte la moitié de la dictée qui est corrigée immédiatement.

Le troisième jour, il dicte les trois quarts du texte.

Enfin, **le dernier jour**, il dicte le texte en entier et ramasse les copies pour une correction individuelle.

Cette pratique présente un triple bénéfice. D'abord, la dictée est corrigée pour les trois quarts de sa longueur : il s'agit donc d'un apprentissage puisque les élèves savent que le jour du contrôle, les éléments des trois jours précédents seront dictés. Ensuite, on évite la monotonie car il y a toujours quelques phrases nouvelles. Enfin, on rassure les élèves qui se trouveront le jour du contrôle devant la plupart des difficultés résolues.

Exemple CM1

• 1er jour

Dictée : « *Ah ! Qu'elle était jolie la petite chèvre de M. Seguin ! Qu'elle était jolie avec ses yeux doux, sa barbiche de sous-officier…* »

L'enseignant écrit au tableau le mot : « *M. Seguin* ».

À la fin, il dévoile la dictée qu'il avait écrite préalablement au tableau.

Le maître intervient et insiste sur les groupes au pluriel. Il met l'accent sur le rôle des déterminants qui alertent phonétiquement sur la présence de pluriels : par exemple, on sait que « *doux* » est au pluriel grâce à la présence de « *ses* », le mot « *yeux* » tient un rôle redondant. Il fait remarquer la présence de deux pluriels irréguliers en « x » et fait citer d'autres noms.

• 2e jour

Dictée : « *Ah ! Qu'elle était jolie la petite chèvre de M. Seguin ! Qu'elle était jolie avec ses yeux doux, sa barbiche de sous-officier… ses sabots noirs et luisants, ses cornes zébrées et ses longs poils blancs qui lui faisaient une houppelande !* »

Le modèle est découvert par les élèves.

L'enseignant leur laisse quelques minutes pour relire, essentiellement le début du texte déjà expliqué. Puis il corrige la seconde partie en mettent l'accent sur les pluriels réguliers annoncés phonétiquement par « *ses* » et suivis de « *sabots noirs et luisants* » dont on n'entend pas la marque du pluriel. Il fait de même avec « *ses cornes zébrées et ses longs poils blancs* ».

• 3e jour

Dictée : « *Ah ! Qu'elle était jolie la petite chèvre de M. Seguin ! Qu'elle était jolie avec ses yeux doux, sa barbiche de sous-officier, ses sabots noirs et luisants, ses cornes zébrées et ses longs poils blancs qui lui faisaient une houppelande !*
Et puis, docile, caressante, se laissant traire sans bouger, sans mettre son pied dans l'écuelle. »

On laisse du temps pour relire et corriger avec le modèle au tableau. L'enseignant travaille sur les féminins : « *docile* » et « *caressante* » et sur l'infinitif en « er » de « *bouger* ».

• 4e jour

Dictée : « *Ah ! Qu'elle était jolie la petite chèvre de M. Seguin ! Qu'elle était jolie avec ses yeux doux, sa barbiche de sous-officier, ses sabots noirs et luisants, ses cornes zébrées et ses longs poils blancs qui lui faisaient une houppelande ! Et puis, docile, caressante, se laissant traire sans bouger, sans mettre son pied dans l'écuelle. Un amour de petite chèvre !*
M. Seguin avait derrière sa maison un clos entouré d'aubépines. »

Contrôle sur l'ensemble. La correction du dernier quart se fera par la suite individuellement.

CM

59. Dictée rythmée

Objectif

– L'intérêt de cette pratique porte sur l'alternance des moments d'apprentissage autonome, d'apprentissage guidé, de mémorisation et de contrôle : tout cela sur le même texte.
– De plus, les enfants apprennent sans angoisse puisqu'ils ne sont pas notés mais simplement « appréciés » et cela par rapport à leurs propres progrès et non pas au regard d'un barème abstrait.

Règle du jeu

Dans un premier temps, on fait écrire l'ensemble de la dictée, puis on laisse du temps pour relire.
Dans la minute qui suit, les enfants reprennent leur texte.
Auparavant, la dictée a été recopiée au tableau.
Dans un deuxième temps, les élèves comparent leur texte au modèle et corrigent eux-mêmes sans l'aide de l'enseignant. Ils indiquent le nombre d'erreurs dans la marge.
Puis, dans **un troisième temps**, le modèle étant toujours au tableau, l'enseignant fait le point et répond aux questions de la classe.
Dans **un dernier temps**, le texte est dicté à nouveau mais au dos de la feuille déjà corrigée. L'enseignant ramasse les copies, donne une appréciation individuelle non notée en tenant compte des progrès par rapport à la première version corrigée.

CM

60. Dictée débat

Objectif

- Ce travail en groupes engage les élèves à argumenter en donnant des preuves tirées, par exemple, d'outils orthographiques, de règles apprises antérieurement, etc.
- Les élèves doivent apprendre à écouter attentivement, à examiner les preuves puis, le cas échéant, à fournir des contre-preuves.

Règle du jeu

La première étape consiste à dicter un texte à la classe sous forme de dictée traditionnelle.

Ensuite, l'enseignant constitue des groupes hétérogènes de trois élèves : un bon en orthographe, un moyen et un plus faible.

Les trois copies sont examinées par le groupe ; les élèves n'ont aucun matériel à leur disposition. Ils échangent, argumentent, font des propositions.

Lorsqu'ils sont d'accord, l'un d'entre eux recopie le texte qui a fait consensus.

La correction peut avoir lieu immédiatement ou plus tard.

Ce débat argumentatif est source de conflits sociocognitifs formateurs pour tous les protagonistes : les bons élèves qui ne doivent pas en rester à des impressions vagues, les moyens qui apprennent à argumenter et à mieux orthographier et, enfin, les élèves plus faibles qui révisent et comprennent à quoi servent les règles, les tableaux de conjugaison, etc.

CE2/CM

61. Dictée transformée

Objectifs

- Travailler les accords en genre et en nombre.
- Accorder sans erreur le déterminant et le nom, le nom et l'adjectif (épithète). (CE2)
- Appliquer la règle de l'accord du verbe avec son sujet, y compris pour les verbes à un temps composé, et pour les sujets inversés. (CM1)

Règle du jeu

Une dictée est distribuée pour chaque élève. Le jeu consiste à la transformer selon le genre ou selon le nombre. Pour cela, l'enseignant amorce la transformation en commençant à écrire la première phrase.

Les points forts de ce type d'exercice sont :

- une dictée qui respecte le rythme de l'enfant puisqu'il recopie à son rythme ;
- un texte déjà écrit qui résout les difficultés d'orthographe lexicale ;
- une attention particulière aux accords déterminants/noms, noms/adjectifs, sujet/verbe.

Exemple CM1

Dictée distribuée

Julie décide d'apprendre à faire de la planche à voile. Le moniteur lui demande si elle nage bien avant de mettre la planche à l'eau. Julie monte mais le vent souffle trop fort et elle tombe tout de suite. Plus tard, elle réussit à tenir debout pendant une minute mais une vague la fait chavirer. Elle regagne la plage aidée par un baigneur.
Julie ne se décourage pas, elle reprendra un cours demain.

D'après E. et O. Bled, *Exercices d'orthographe : cahier pour le CM1*, Hachette Éducation, 1948.

Amorce proposée :

Julie et Sophie…

Texte après transformation :

***Julie et Sophie** décident d'apprendre à faire de la planche à voile. Le moniteur **leur** demande si **elles nagent** bien avant de mettre **les planches** à l'eau. **Julie et Sophie montent** mais le vent souffle trop fort et **elles tombent** tout de suite. Plus tard, **elles réussissent** à tenir debout pendant une minute mais une vague **les** fait chavirer. **Elles regagnent** la plage **aidées** par un baigneur.*
***Julie et Sophie** ne se **découragent** pas, **elles reprendront** un cours demain.*

▶ **CP/CE/CM**

62. Explorations

Objectif

Ce jeu permet de travailler toutes les facettes de l'orthographe lexicale, grammaticale, les homophones, etc.

Règle du jeu

À partir d'un texte de dictée écrit au tableau, l'enseignant va poser une série de questions sur l'orthographe grammaticale et l'orthographe lexicale.
Les corrections se font immédiatement.
Ce dispositif d'acquisition de l'orthographe a l'avantage d'être ludique et de mobiliser un temps adapté à la situation (de 5 minutes à 20 minutes s'il le faut).
Enfin, c'est aussi un moyen de préparer une dictée sous tous ses angles et en plusieurs séquences courtes.

Exemple de texte donné en CM

L'avion est une machine sans doute, mais quel instrument d'analyse ! Cet instrument nous a fait découvrir le vrai visage de la Terre. Les routes, en effet, durant des siècles, nous ont trompés. Nous ressemblions à cette souveraine qui désira visiter ses sujets et connaître s'ils se réjouissaient de son règne. Ses courtisans, afin de l'abuser, dressèrent sur son chemin quelques heureux décors et payèrent des figurants pour y danser. Hors du mince fil conducteur elle n'entrevit rien de son royaume et ne sut point qu'au large des campagnes ceux qui mouraient de faim la maudissaient.

Saint-Exupéry, *Terre des hommes*, © Gallimard.

Le texte est copié au tableau. L'enseignant pose alors une série de questions et demande les réponses en quelques minutes.

Exemples de questions :

- Relevez cinq noms s'écrivant avec des lettres doublées. (2 minutes.)
- Relevez cinq mots s'écrivant avec une lettre finale muette. (2 minutes.)
- Relevez cinq groupes de noms au pluriel. (2 minutes.)
- Relevez cinq verbes à la 3e personne du pluriel avec leur sujet. (3 minutes.)
- Relevez deux « a » écrits différemment et expliquez pourquoi. (2 minutes.)
- Relevez un « est » et un « et » dans le texte et expliquez la différence d'orthographe. (3 minutes.)
- Relevez deux manières d'écrire [s] dans le texte et expliquez la différence d'orthographe. (3 minutes.)

4.

Les outils orthographiques

sommaire

CP/CE

63. Un outil de recherche de mots dans le dictionnaire

Règle du jeu

Les jeunes enfants qui ne connaissent pas bien l'orthographe d'un mot ont du mal à le rechercher dans le dictionnaire, surtout lorsqu'ils ne connaissent pas l'initiale et savent seulement la prononcer. En voici ci-dessous le principe.
L'appareil complet se trouve aux pages suivantes.

Au début du mot j'entends…	Je vais rechercher à…	Sinon je cherche à…	Puis à…	Puis à…
[a] a	A	H = ha		
[ø] e	E	H = heu	O = œu, œ	
[i] i	I	H = hi, hy	Y	
[o] o	O	A = au	H = ho, hau	
[y] u	U	H = hu		
[e] é	E = é	H = hé		
[ɛ] è, ê	E = è, ê	A = ai, ay	H = hai, hè, hê	
[œ̃] un	U = un, um	H = hun, hum		
[ɔ̃] on	O = on, om	H = hon, hom		
[u] ou	O = ou	H = hou		
[ɛ̃] in	I = in, im…	A = ain	H = hin	
[ɑ̃] an	A = an, am	E = en, em	H = han, ham	
[p] p	P			
[t] t	T = t, th			
[k] c	C = c, ch	Q = qu	K	X
[b] b	B			
[d] d	D			
[g] g	G = g, gu			
[f] f	F	P = ph		
[s] s	S = s, sc	C = c, ç		
[ʃ] ch	C = ch	S = sh, sch		

[v] v	V			
[z] = z	Z			
[ʒ] j	J	G = ge, gi		
[n] n	N			
[m] m	M			
[l] l	L			
[r]	R = r, rh			
[w] w	W	O = oi, ou		

Mode d'emploi

Cet appareil, simple à fabriquer, permet de rendre les jeunes enfants autonomes pour rechercher des mots dans le dictionnaire.

Coller sur du carton les deux parties ci-après ; évider les 4 rectangles, puis assembler à l'aide d'une attache parisienne de manière à faire tourner le disque des sons.

Dans les rectangles évidés apparaissent les étapes de la recherche de mots avec les différentes graphies des sons initiaux.

L'alphabet phonétique international n'a pas été retenu en raison de l'âge des élèves ; en revanche est amorcé un rangement des sons.

Supposons que l'enfant ait à rechercher le mot « *hampe* ».

Comme il ne sait pas par quelle lettre commence ce mot, l'appareil lui recommande de chercher d'abord à « a ».

S'il ne trouve pas, l'appareil lui demande alors de rechercher à « *an* » ou à « *am* ».

Ensuite, si sa recherche n'a pas abouti, il lui demande de rechercher à « *en* » ou à « *em* ».

Enfin, si rien n'a été repéré, il l'invite à chercher à « *han* » et à « *ham* » où il trouvera enfin le mot « *hampe* ».

Les 4 rectangles évidés balisent les 4 étapes de la recherche d'un mot.

L'enfant est donc autonome et ne doit plus déranger l'enseignant dans ses recherches, ce qui libère ce dernier pour d'autres tâches pédagogiques.

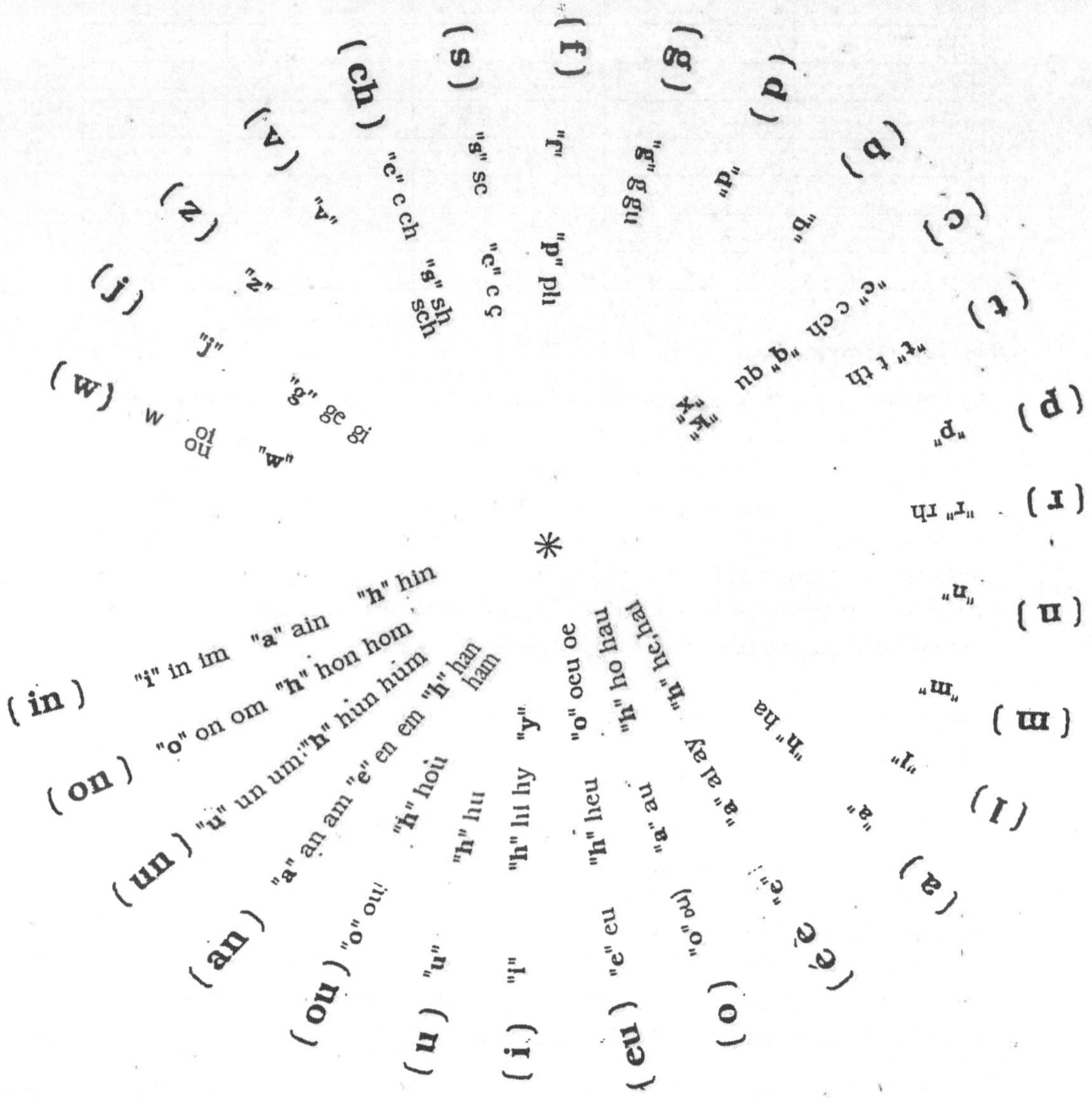
(in) "i" in im "a" ain "h" hin
(on) "o" on om "h" hon hom
(un) "u" un um "h" hun hum
(an) "a" an am "e" en em "h" han ham
(ou) "o" ou "h" hou
(u) "u" "h" hu
(i) "i" "h" hi hy "y"
(eu) "e" eu "h" heu "o" oeu oe
(o)
(è)
(a)
(l) "l"
(m) "m"
(n) "n"
(r) "r" rh
(d) "d"
(t) "t" t th
(c) "c" c ch "q" qu "k" "x"
(b) "b"
(p) "p" ph
(g) "g" g gu
(f) "f"
(s) "s" sc "c" c ç
(ch) "c" c ch "s" sh sch
(v) "v"
(z) "z"
(j) "j" "g" ge gi
(w) "w" w oi ou
*

Utilisation du dictionnaire

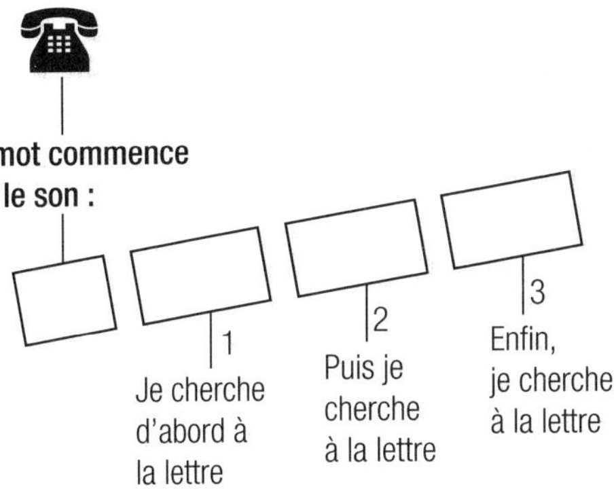

▸ **CP/CE**

64. Classement simplifié des erreurs d'orthographe d'après Nina Catach

La typologie des erreurs

Ce classement simplifié représente une aide pour l'enseignant ; en effet, grâce au tableau ci-dessous, ce dernier pourra repérer dans quels domaines ses élèves commettent des erreurs et constituer des groupes homogènes pour des corrections ciblées. Avec ce classement, il pourra donc déterminer quels sont les besoins de sa classe et proposer des remédiations en conséquence.
Le tableau qui suit est présenté sous une forme simplifiée tant au point de vue du vocabulaire que d'un certain contenu inopérant pour des élèves de l'école élémentaire.

Type d'erreur	Caractéristiques
A. Erreurs d'ordre phonologique Ce sont des erreurs qui peuvent laisser soupçonner une audition imparfaite, ou une tendance à la dyslexie ou à la dysorthographie.	Confusion de catégorie de phonèmes (éléments diacritiques). Pour « *tomber* », l'enfant écrit « *domber* » ; pour « *visage* », il écrit « *visache* » ; pour « *grignoter* » « *crignoter* ».
B. Erreurs de type calligraphique	Lettres mal formées, par exemple « n » et « m », « v » et « u »…
C. Erreurs sur les accords – Marques visuelles du féminin, du pluriel. – Erreurs portant sur le lexique.	– Confusion **genre et nombre** (accords). – Erreurs sur les **désinences de la conjugaison** (morphèmes de personne, temps, base, mode, groupes). – Catégories grammaticales (verbe/nom, verbe/adjectif, adverbe/adjectif). Exemple : « *je travail* » pour « *je travaille* ». – Erreurs sur le lexique : - non-reconnaissance des mots. Segmentation (« *en voyer, un noiseau* ») ; - ignorance des préfixes et des suffixes (« *antourer* », « *addision* ») ; - ignorance de la famille lexicale (« *inabité* ») ; - ignorance des lettres finales justifiables d'un enseignement. Exemple : *marchant* = *marchan**der***.

D. Erreurs portant sur les homophones Ce sont les erreurs qui portent sur les graphies qui ont pour fonction de distinguer deux mots qui ont la même prononciation.	– Erreurs sur les homophones lexicaux (*pin/pain*). – Erreurs sur les homophones grammaticaux (*ont/on ; sont/son*).
E. Erreurs concernant les accents, les majuscules, la ponctuation… – Erreurs de ponctuation. – Oubli de l'apostrophe ou du trait d'union.	– Ponctuation. – Majuscules. – Apostrophe. – Trait d'union.
F. Erreurs portant sur les lettres non fonctionnelles Lettres ou consonnes doubles injustifiables (aberrations orthographiques).	– Consonnes simples ou doubles que l'on ne peut pas justifier, surtout pour un enfant de l'école élémentaire. Exemple : « *boursouflé* » avec un « f » alors que « *souffler* » en prend deux. – Lettres finales que l'on ne peut pas justifier, surtout pour un enfant de l'école élémentaire. Exemple, on écrit « *secours* » mais le verbe « *secourser* » n'existe pas.
G. Erreurs de traduction des sons L'élève prononce correctement les sons mais ne sait pas les transcrire.	– Erreurs altérant la valeur phonique : - omission ou ajout de lettres, cédille ; - confusions ; - inversions. – Erreurs n'altérant pas la valeur phonique : - omissions ou ajouts de lettres (consonnes simples ou doubles), cédille.

Exercices proposés pour chacune des catégories

A. Erreurs d'ordre phonologique

Le loto (voir p. 15), lettres mobiles (voir p. 95), les derniers seront les premiers (voir p. 104), phrases à choix multiples (voir p. 108), dictée traditionnelle retouchée (voir p. 111), dictée de mots (voir p. 131).

B. Erreurs de type calligraphique

Calligrammes (voir p. 74), les mots tordus (voir p. 44), tautogrammes (voir p. 41), le labyrinthe (voir p. 55), lipogrammes (voir p. 49), moins une (voir p. 93), dictée copiée (voir p. 127).

C. Erreurs portant sur les accords

N + adj., N + adv. (voir p. 27), N + 7, V + 7 (voir p. 46), soleils (voir p. 37), de 1 à 10 (voir p. 33), le centon (voir p. 31), inclusions (voir p. 27), trivial pursuit (voir p. 23), lipogrammes (voir p. 49), dépaysements (voir p. 53), imitations (voir p. 60), commutations (voir p. 68), petite fabrique de phrases (voir p. 70), jeu de l'oie (voir p. 89), jeu des initiales et des finales (voir p. 98), l'intrus (voir p. 105), phrases fendues (voir p. 106), phrases à choix multiples (voir p. 108), dictée copiée (voir p. 127), dictée transformée (voir p. 138).

D. Erreurs portant sur le lexique.

Les dominos (voir p. 17), le memory (voir p. 18), le jeu des 7 familles (voir p. 20), N + adj., V + adv. (voir p. 27), les mots-valises (voir p. 35), familles (voir p. 63), le carré Lescurien (voir p. 65), Boggle (voir p. 84), le mot le plus long (voir p. 87), le jeu de l'oie (voir p. 89), lettres mobiles (voir p. 95).

E. Erreurs portant sur les homophones

Trivial pursuit (voir p. 23), petite fabrique de phrases (voir p. 70), jeu de l'oie (voir p. 89), classements (voir p. 100), l'intrus (voir p. 105), phrases à choix multiples (voir p. 108), dictée traditionnelle retouchée (voir p. 111), explorations (voir p. 139).

F. Erreurs portant sur les accents, les majuscules, la ponctuation

Le labyrinthe (voir p. 55), le jeu de l'oie (voir p. 89), mots en désordre (voir p. 103), phrases à choix multiples (voir p. 108), explorations (voir p. 139).

G. Erreurs portant sur les lettres son fonctionnelles : consonnes simples ou doubles, lettres finales

Memory (voir p. 18), tautogrammes (voir p. 41), dépaysements (voir p. 53), le labyrinthe (voir p. 55), le carré Lescurien (voir p. 65), le jeu de l'oie (voir p. 89), phrases à choix multiples (voir p. 108).

H. Erreurs de traduction des sons

Le loto (voir p. 15), les dominos (voir p. 17), mots nouveaux (voir p. 22), trivial pursuit (voir p. 23), phrases à choix multiples (voir p. 108), mots-valises (voir p. 35), tautogrammes (voir p. 41), dépaysements (voir p. 53), le labyrinthe (voir p. 55), le carré Lescurien (voir p. 65), calligrammes (voir p. 74), Boggle (voir p. 84), le mot le plus long (voir p. 87), le jeu de Kim (voir p. 88), le jeu de l'oie (voir p. 89), anagrammes (voir p. 92), moins une (voir p. 93), lettres mobiles (voir p. 95), jeu des initiales et des finales (voir p. 98), les derniers seront les premiers (voir p. 104), phrases à choix multiples (voir p. 108), dictée copiée (voir p. 127).

▸ CP/CE

65. Les procédés mnémotechniques

Objectif

Ils ont l'avantage d'être efficaces rapidement, de soulager la mémoire et d'être, par ces qualités, une aide précieuse pour certains élèves lorsqu'ils doivent suivre le rythme d'une dictée.

À titre indicatif nous donnons quelques-uns de ces procédés qui, pour certains, seront vraisemblablement mieux compris et assimilés lorsque les élèves auront acquis une plus grande maîtrise des phénomènes orthographiques.

Les pluriels

Liste des mots en « ou » qui font leur pluriel en « x »

– *Venez mes choux, mes bijoux*

– *Venez sur mes genoux*

– *Avec des joujoux*

– *Jeter des cailloux*

– *À ces vieux hiboux pleins de poux*

– *Chou, bijou, genou, joujou, caillou, hibou, pou*

Liste des mots en « ail » qui font leur pluriel en « x »

– *Comment, tu bâilles et soupires émissaire ailé ? Va vite travailler !*

– *Corail, coraux, bail, baux, soupirail, soupiraux, émail, émaux, ail, aulx, vantail, vantaux, vitrail, vitraux, travail, travaux.*

Liste des mots se terminant par « -eu » qui font leur pluriel en « eux »

Les mots qui se terminent par « -eu » font généralement leur pluriel en « -eux » **sauf** : *bleu, émeu, lieu, pneu.*

– *Dans les océans bleus, les émeus tentent d'attraper des lieus, mais ne ramènent que des pneus.*

Liste des noms se terminant par « -al » qui font leur pluriel en « aux »

Les noms qui se terminent par « -al » font généralement leur pluriel en « -aux » **sauf** :

Cabaret, chat ferré : ca-ba-ret chat-fe-rré

Cal, bal, régal, chacal, festival, régal.

Liste des adjectifs se terminant par « -al » et qui font leur pluriel en « aux »

Les adjectifs qui se terminent par « -al » font généralement leur pluriel en « -aux » **sauf** : *fatal, banal, final, natal.*

Les incidents fatals ne sont ni finals ni banals, heureusement il y a les natals.

Homophones

Et… (et puis)	*Est… (était)*
Ça… (cela)	*Sa… (la sienne)*
Ou… (ou bien)	*Où… (là)*
Son… (mon)	*Sont… (étaient)*
A… (avait)	*À… (avait impossible)*
Ont… (avaient)	*On… (il)*
Mes… (ma)	*Mais… (cependant)*
L'as… (l'avais)	*Là… (à cet endroit)*
Ces… (ceux-là, celles-là)	*Ses… (sa)*
Peu… (pas beaucoup)	*Peut… (pouvait)*
S'est… (lui-même)	*C'est… (cela est, c'était)*
On n'a, on n'avait … (suivi d'une négation ou de que)	*On a, on avait* (forme affirmative)

Orthographe lexicale

Des mots qui prennent un seul « r » ou deux « rr »

– Un paresseux couronné caressait une carotte avec un air intéressé.

– *« Mourir » ne prend qu'un « r » : on ne meurt qu'une fois ; « nourrir » prend deux « r » : on mange plusieurs fois.*

– *« Courir » prend un seul « r » car on manque d'air (« r ») en courant.*

Accents circonflexes

– *Le chapeau de la « cime » est tombé dans l'« abîme » et celui du « bateau » est tombé dans la « boîte ».*

– *Chapeau ! pour la « tâche » accomplie, pas chapeau ! pour la « tache » sur ton habit.*

« l » ou « ll » ?

– *« Hirondelle » et « coccinelle » ont deux « l » pour voler.*

– *« Colline » a deux colonnes (les deux « l ») et « colonne » a deux collines (les deux « n »).*

– *« Balai » n'a qu'un « l » car il n'a qu'un manche.*

Mots invariables

– « *toujours* », toujours « s ».

– « *parmi* », jamais « s ».

« z »

« Magazine » prend « z » parce qu'on peut y lire toutes les lettres de l'alphabet.

66. Listes de fréquences

Les listes de fréquences ci-dessous rassemblent les mots par occurrence et par niveau. Ceci permet à l'enseignant de savoir quelles sont les listes que ses élèves doivent connaître et de préparer des exercices qui les utilisent.
Il est déconseillé de les faire apprendre par cœur mais il vaut mieux utiliser quelques mots au cours d'exercices ou de dictées.
Ces tableaux s'inspirent de la liste de fréquence du document d'accompagnement Observation réfléchie de la langue française (2005).

Mots les plus fréquents classés par ordre alphabétique ▸ **CP**

à	de	il	nous	sa	un
aller	des	je	on	se	une
au	dit	la	pas	ses	vouloir
avec	du	le	petit	si	vous
avoir	elle	les	plus	son	vraiment
bien	en	lui	pour	sur	y
ce	et	mais	pouvoir	te	
comme	être	me	que	tout	
dans	faire	ne	qui	tu	

Mots les plus fréquents classés par occurrence ▸ **CP**

le	se	elle	pour	aller	comme
de	les	des	tu	vous	y
il	un	dans	me	bien	ses
la	ne	qui	dit	te	pouvoir
être	je	au	plus	sa	si
et	ce	tout	sur	on	vraiment
avoir	en	du	petit	nous	
que	une	mais	son	vouloir	
à	pas	lui	faire	avec	

Mots les plus fréquents classés par ordre alphabétique CE1

air
alors
ami
appeler
approcher
après
arriver
aussi
autre
beau
bon
ça
car
cela
celui
cet
chat
chez
chose
commencer
coup
crier
demander
deux
devant
devoir
dire
donc
eau
encore
enfant
entendre
fait
falloir
fille
fois
fort
grand
gros
homme
jamais
jour
jusque
là
leur
ma
main
maison
maman
manger
même
mère
mettre
moi
mon
monde
monsieur
non
notre
nuit
œil
ou
où
oui
papa
par
parler
passer
penser
père
peu
porte
prendre
puis
quand
quelque
regarder
répondre
rien
roi
sans
savoir
seul
sortir
sous
temps
terre
tête
toi
toujours
tous
très
trois
trouver
venir
vers
vieil
vite
voilà
voir

Mots les plus fréquents classés par occurrence CE1

voir
leur
par
grand
moi
dire
quand
fait
autre
très
cet
toujours
porte
penser
père
chez
donc
là
même
mon
deux
alors
ça
jour
où
tous
venir
puis
chose
jusque
gros
main
après
nuit
savoir
aussi
bon
sans
quelque
enfant
beau
encore
fois
prendre
demander
fille
coup
sortir
chat
devant
voilà
rien
œil
mettre
temps
ou
trouver
ma
falloir
jamais
tête
monsieur
mère
entendre
seul
passer
monde
appeler
peu
maison
regarder
roi
maman
vieil
approcher
homme
devoir
crier
répondre
parler
air
fort
commencer
vite
oui
celui
arriver
manger
vers
eau
toi
papa
trois
cela
non
notre
sous
terre
ami
car
approcher

Mots les plus fréquents classés par ordre alphabétique ▶ CE2

abord	bientôt	connaître	droit	géant	longtemps
acheter	blanc	continuer	école	gens	lorsque
aile	bleu	contre	écrier	haut	loup
aimer	bois	côté	éléphant	herbe	madame
ainsi	bord	couleur	enfin	heure	maintenant
an	bouche	courir	entendu	heureux	maître
animal	bout	croire	entre	histoire	mal
apercevoir	bras	déjà	entrer	ici	marcher
apprendre	bruit	demande	essayer	idée	matin
arbre	cacher	dent	été	instant	mer
argent	chambre	depuis	faim	jardin	mieux
arrêter	chaque	dernier	famille	jeter	milieu
arriver	château	derrière	femme	jeune	moins
assez	chemin	dès	fenêtre	jouer	moment
attendre	chercher	descendre	feu	journée	montagne
aussitôt	cheval	dessus	feuille	juste	monter
autour	chèvre	devenir	fils	laisser	montrer
avant	chien	doigt	fin	lapin	mort
ballon	ci	donne	finir	lendemain	mot
bas	ciel	donner	fleur	lequel	mur
beaucoup	cochon	dont	fond	lever	neige
bébé	coin	dormir	forêt	lit	nez
besoin	comment	dos	frère	loin	ni
bête	comprendre	dragon	garçon	long	noir
nom	pendant	pourtant	reste	soleil	train
nouveau	perdre	pousser	rester	sorcier	trop
nuage	perdu	premier	retourner	soudain	trou
œuf	personne	près	retrouver	souris	vent
oiseau	peur	presque	réveiller	suite	vert
or	peut-être	prince	revenir	suivre	vie
oreille	pièce	princesse	rire	sûr	ville
oublier	pied	pris	rivière	ta	vivre
ours	pierre	puer	rouge	table	voici
ouvrir	place	quatre	route	tant	voix
parce que	plein	quel	rue	taupe	voler
parent	pleurer	queue	sac	tenir	votre
parti	point	quoi	sauter	tigre	vrai
partir	poisson	raconter	sauver	tirer	vu
patte	porter	renard	sembler	tomber	
pauvre	poser	rendre	sentir	ton	
pays	poule	rentrer	soir	tour	
peine	pourquoi	reprendre	sol	tourner	

Mots les plus fréquents classés par occurrence

CE2

blanc
premier
aimer
maintenant
donner
croire
comment
arbre
quel
chien
laisser
rester
sentir
oiseau
or
retrouver
près
côté
tirer
vrai
arrêter
rendre
écrier
comprendre
place
chaque
maître
tomber
vent
mot
apprendre
porter
depuis
sûr
bois
dessus
jeter
bras
parce que
votre
pierre
lit
jeune
attendre
ton
matin
chercher
vu
personne
garçon
pourquoi
tenir
loup
ni
soleil
histoire
ville
vie
mieux
nouveau
lever
gens
mer
parent
couleur
bête
apercevoir
long
oreille
soudain
moins
tour
souris
bruit
retourner
contre
aussitôt
autour
poisson
peine
partir
autour
dent
connaître
trop
ta
derrière
sorcier
avant
pied
ici
pendant
jouer
ouvrir
déjà
pauvre
nez
fenêtre
bas
pris
parti
demande
mort
jardin
bleu
essayer
reste
dès
reprendre
raconter
dernier
longtemps
bientôt
quatre
nuage
chemin
pays
prince
rentrer
fils
voler
bouche
trou
fleur
ciel
heureux
forêt
animal
lorsque
femme
ours
haut
ainsi
devenir
heure
plein
rire
peur
bord
princesse
juste
pleurer
descendre
oublier
route
puer
instant
madame
finir
milieu
neige
tourner
école
monter
fond
montrer
an
montagne
voici
bébé
queue
rivière
sac
pourtant
marcher
assez
idée
suivre
revenir
arriver
beaucoup
noir
moment
vivre
voix
été
entre
patte
enfin
soir
acheter
tigre
table
cacher
famille
dont
lendemain
ci
vert
château
pousser
abord
fin
peut-être
continuer
argent
sauter
dragon
feu
lapin
entendu
dos
sauver
sembler
taupe
géant
lequel
herbe
doigt
droit
entrer
loin
frère
courir
bout
tant
quoi
mal
renard
dormir
rouge
cheval
point
œuf
chambre
nom
train
faim
pièce
poser
poule
donne
coin
perdre
réveiller
perdu
feuille
aile
mur
suite
éléphant
chèvre
cochon
presque
sol
rue
ballon
besoin
journée

Mots les plus fréquents classés par ordre alphabétique ◗ CM1

abandonner	cas	courant	énorme	habiter	marché
accepter	cent	court	ensemble	hélas	mauvais
accord	certain	cueillir	ensuite	hiver	méchant
affaire	cesser	cuisine	envie	huit	médecin
aide	chacun	dame	envoler	hurler	mille
aider	chameau	danser	envoyer	imagier	minute
ailleurs	champ	décider	épaule	jambe	mirer
ajouter	chanter	découvrir	étoile	jaune	mois
amuser	chapeau	dehors	étonner	jeu	monstre
âne	chasseur	déjeuner	étrange	joie	morceau
année	chaud	demain	étranger	joli	mouche
apparaître	chef	diable	expliquer	laisse	mourir
apporter	cher	diriger	facile	lait	mouton
arrière	cheveu	disparaître	façon	lancer	Noël
asseoir	chouette	disparu	fatigué	langue	nouvelle
assis	cinq	dix	ferme	large	oie
attention	clair	docteur	force	larme	oncle
attraper	classe	donné	fou	lentement	oser
aucun	cœur	doucement	frapper	lettre	ouvert
aujourd'hui	colère	doute	froid	lieu	pain
avaler	compte	dresser	fromage	lion	palais
avancer	conduire	droite	gagner	lire	panier
bateau	construire	drôle	garde	livre	papier
battre	contenter	dur	garder	longue	paraître
boire	conter	échapper	gauche	lourd	pareil
boîte	coq	écouter	gentil	lumière	parfois
bondir	corde	effet	glisser	lune	parole
bonjour	corps	emmener	grand-mère	magique	part
bouger	cou	empêcher	grand-père	magnifique	partout
branche	coucher	emporter	grenouille	malade	passe
briller	couper	endroit	grimper	malheureux	passé
canard	cour	enfuir	gris	marche	paysan
peau	question	réussir	sens	surprise	triste
pêcheur	quitter	rêve	sept	surtout	troisième
plaire	raison	riche	serpent	tandis	trouvé
plume	rat	robe	serrer	tard	tuer
plusieurs	reconnaître	rocher	servir	tas	valoir
poil	réfléchir	rond	seulement	tel	ventre
pomme	regard	rose	silence	tellement	venu
possible	reine	rouler	simple	tendre	vide
pot	remarquer	saisir	singe	terminer	village
poursuivre	remettre	salle	six	tombé	visage
précipiter	remplir	sauvage	sœur	toucher	voisin

préférer
préparer
présenter
promener
proposer
puisque
rencontrer
repartir
repas
répéter
ressembler
retour
seconde
secouer
secours
secret
seigneur
semaine
soit
soldat
sorte
sourire
souvent
sûrement
tranquille
transformer
travail
travailler
travers
traverser
voiture
voleur
voyant

Mots les plus fréquents classés par occurrence ▶ CM1

chacun
lire
assis
dame
jambe
travail
surtout
souvent
décider
paraître
passe
chanter
tard
doucement
doute
ventre
ensemble
aujourd'hui
traverser
part
nouvelle
chameau
venu
plaire
grenouille
promener
corde
sœur
colère
mille
dehors
soit
tel
cent
avancer
endroit
expliquer
branche
longue
rencontrer
tellement
aucun
servir
voiture
habiter
apporter
mourir
boire
seulement
âne
malade
gauche
lion
lettre
ensuite
peau
préparer
livre
ajouter
réfléchir
sens
parole
marche
docteur
apparaître
coucher
cher
plume
compte
ouvert
jeu
cesser
étonner
bateau
certain
mauvais
froid
question
drôle
jaune
soldat
cheveu
monstre
danser
lancer
enfuir
gagner
précipiter
effet
rond
bonjour
chouette
bouger
découvrir
cuisine
lait
partout
rose
oser
visage
médecin
reconnaître
dresser
droite
raison
chasseur
gris
glisser
ferme
grand-mère
voleur
force
aider
lune
travers
puisque
fou
tendre
écouter
boîte
palais
sorte
magique
retour
lumière
accord
frapper
saisir
silence
hélas
laisse
larme
préférer
dur
fatigué
envoler
magnifique
conter
reine
donné
affaire
parfois
poil
corps
cour
lieu
année
dix
village
quitter
envie
cinq
remettre
semaine
sourire
chaud
disparaître
abandonner
rocher
tandis
chapeau
gentil
mois
ailleurs
hurler
contenter
emmener
sept
vide
fromage
salle
remplir
rat
tranquille
avaler
disparu
voyant
sûrement
papier
serpent
cœur
attention
trouvé
paysan
battre
répéter
passé
joli
tuer
garde
canard
garder
triste
construire
lourd
pomme
valoir
robe
surprise
amuser
possible
repas
oncle
secours
empêcher
envoyer
secret
riche
mouche
diriger
briller
mouton
seconde
voisin
sauvage
diable

épaule
asseoir
joie
méchant
grand-père
morceau
minute
plusieurs
attraper
courant
clair
pêcheur
cueillir
étrange
étranger
façon
seigneur
cou
ressembler
coq
rouler
demain
champ
repartir
huit
étoile
énorme
poursuivre
grimper
pain
couper
malheureux
classe
troisième
travailler
mirer
proposer
aide
arrière
panier
langue
chef
imagier
emporter
pot
hiver
oie
remarquer
court
secouer
réussir
simple
terminer
échapper
présenter
pareil
rêve
serrer
singe
six
accepter
conduire
bondir
Noël
facile
large
cas
marché
tombé
transformer
regard
tas
lentement
toucher
déjeuner

Mots les plus fréquents classés par ordre alphabétique ▶ CM2

accrocher
adore
afin
agir
agiter
aiguille
allonger
allumer
approche
arrivée
assurer
attacher
atteindre
auprès
autant
aventure
baisser
baleine
balle
bande
bec
berger
bizarre
bœuf
bond
bonhomme
boule
marchand
mari
bouteille
brun
buisson
bureau
cadeau
cage
calme
camarade
capitaine
caresser
cause
cependant
chacal
chaise
chance
chasse
chasser
chaussure
cheminée
choisir
client
coccinelle
combien
compagnie
compter
conseil
corbeau
observer
occuper
couché
couler
cours
course
cousin
couteau
couvert
craindre
creuser
creux
cri
crocodile
curieux
debout
décidé
déclarer
dedans
désert
désirer
dessiner
deuxième
deviner
dévorer
dieu
difficile
dimanche
dîner
plaisir
plante
direction
doré
doux
drap
durer
éclater
écoute
écrire
effort
effrayer
élève
éloigner
empereur
endormi
endormir
enfermer
enfoncer
ennuyer
entier
entourer
épais
espérer
esprit
étang
étendre
exactement
exclamer
ramasser
ramener
exemple
face
fantôme
fée
fermer
fête
fier
figure
finalement
fixer
forme
frais
frotter
fumée
furieux
gamin
gare
gâteau
goutte
grâce
grain
grandir
guérir
habit
habitant
habitude
hérisson
sable
sage
hésiter
heureusement
hibou
hier
humain
île
immédiatement
immense
immobile
impossible
inconnu
inquiet
intérieur
joue
journal
joyeux
justement
lac
lâcher
lance
léger
ligne
luisant
malgré
malin
manière
manquer
toit
tombe